핵심에 집중하는
파생금융상품
핸드북

핵심에 집중하는
파생금융상품
핸드북

초판 1쇄 인쇄 | 2024년 9월 4일
초판 1쇄 발행 | 2024년 9월 9일

지은이 임경
책임편집 조성우
편집 손성실
디자인 권월화
펴낸곳 생각비행
등록일 2010년 3월 29일 | 등록번호 제2010-000092호
주소 서울시 마포구 월드컵북로 132, 402호
전화 02) 3141-0485
팩스 02) 3141-0486
이메일 ideas0419@hanmail.net
블로그 ideas0419.com

ⓒ 임경, 2024
ISBN 979-11-92745-30-5 03320

핵심에 집중하는

파생금융상품
핸드북

FINANCIAL
DERIVATIVES

선도거래 | 선물 | 옵션 | 스왑 | 신용파생상품 | 파생결합상품

임경 지음

생각비행

머리말

파생상품Dervatives이란 어려운 말이 낯설지 않게 된 요즈음에
도 2008년 글로벌 금융위기 때 선물환forwards의 움직임과 키
코KIKO의 아픔을 되짚어 보거나 2024년의 홍콩주가연계증권
ELS 소송 기사를 읽으면 무슨 이야기인지 선뜻 이해하지 못하
는 사람이 많습니다. 파생상품은 위험을 줄이려고 출발하였
지만 오히려 위험을 더 부담하면서 이익을 확대하는 투자로
이용되기도 하였습니다. 마치 불과 같아서 잘 이용하면 따뜻
한 음식과 잠자리를 제공하지만 잘못 이용하면 큰 불을 일으
켜 재산을 잃거나 목숨을 위태롭게 하기도 합니다. 위험을 줄
이려면 이익이 줄어들고 이익을 늘리려면 위험을 감수해야 한
다는 금융의 기본 원리는 여기서도 통용됩니다.

　이 책을 통해 파생금융상품의 핵심을 살펴보면서 우리나라
외환·금융시장과의 다양한 연결고리를 정리하고자 하였습니
다. 이를 위해서 각 파생금융상품의 손익구조와 각 파생금융
시장의 특성을 설명하였습니다. 그래야 금융시장에서 작용하

는 파생금융상품의 힘을 이해할 수 있기 때문이지요. 이러한 과정에서 신용파생상품과 파생결합상품을 이해하고 경제 구석구석에서 응용되는 파생금융상품의 원리를 발견할 수 있습니다.

파생금융상품의 내용은 쉽지 않으며 한 단계씩 더 깊게 내려갈수록 기저에는 수학을 사용하는 금융공학financial engineering이 자리 잡고 있습니다. 그러나 이 책은 복잡한 계산식을 지양하고 간략한 서술을 통해 독자들에게 핵심을 최대한 쉽게 전달하고자 하였습니다. 또한 파생금융상품의 손익구조에 초점을 맞추는 가운데 각 상품들의 핵심을 비교해 특성을 분명히 드러내려고 노력하였습니다. 아울러 파생금융을 공부하기 전에 알아 두면 좋은 금융이론과 재무이론을 사전에 설명하며 각 상품의 내용에 대한 독자들의 이해를 돕고자 하였습니다.

원고를 쓰는 과정에서 많은 분의 의견을 듣고 도움을 받았습니다. 그러나 내용 중 잘못된 부분이나 부족한 부분이 있다면 전적으로 저의 책임입니다. 수원대학교 이용회 교수님께서는 파생금융상품에 대해 열정적으로 연구하고 강의하시는 가운데서도 다양한 시각을 꼼꼼하게 제시해 주셨으며, 에프엘자산운용(주)의 현병규 준법감시인님께서는 오랜 기간 다양한 금융회사에서 파생금융상품 투자를 담당하면서 얻은 풍부한 경험을 통해 실무적 관점을 제공해 주셨습니다. 또한 독자의 눈높이에 대해 여러 도움 말씀을 해 주신 에프엘자산운용(주)의 이누리 주임님과 원고 쓰기를 독려해 주신 조성우 대표님께도 감사드립니다. 그리고 항상 곁에서 용기를 북돋아 주는 가족에게도 거듭 고마운 마음을 전합니다.

2024년 9월

임경

차례

01

파생금융상품
이해를 위한 준비 운동

* 파생금융상품 가격은 채권, 주식, 외환 등 기초자산 가격과 밀접하게 연결되어 있다. 파생금융상품을 이해하기 위해 필요한 몇 가지 기본 개념과 금융 원리에 대해 알아보자.

파생금융상품이란 무엇인가?

파생상품derivatives이란 기초자산의 가치 변동에 따라 경제적 가치가 결정되는 상품을 말한다. 다른 상품의 가치 변동으로부터 '파생'되어 상품의 가격이 결정되기 때문에 '파생상품'이라는 이름이 붙여졌다. 이제부터 금리, 환율, 주가 등의 영향을 받는 금융상품을 기초자산으로 하는 파생상품을 파생금융상품이라고 하자. 파생금융상품을 이해하기 위해 채권, 주식, 외환 등 기초자산의 특성을 세밀히 알아야 할 필요는 없지만, 기초자산 가격이 어떻게 움직이는지에 대한 최소한의 이해는 필요하다.

앞으로 파생금융상품을 설명하는 과정에서 '파생금융상품과 기초자산의 가격은 어떻게 연결되어 있는가?', '파생금융상품에 투자하였을 때 손익구조는 어떠한가?', '왜 파생금융상품을 매입하고 또 거래하는가?' 등 세 가지 질문에 중점을 둘 것이다. 이에 앞서 파생금융상품의 개요 중 상품 종류와 거래 목적에 대해 먼저 살펴보자.

파생상품의 출현

농산물 가격 변동으로 입게 될 농부와 상인의 손실 위험을 줄이기 위해 등장한 파생상품 거래의 역사는 중세 시대까지

거슬러 올라가지만, 현대적 의미의 파생상품 거래는 1848년 미국 시카고상품거래소CBOT가 설립된 이후 곡물선물이 거래되면서 본격적으로 시작되었다. 한편 우리가 관심을 두고 있는 파생금융상품은 1960년대 후반 인플레이션 확대에 따라 금리 변동성이 늘어나고, 1971년 미국 금태환[1] 정지에 따라 환율 변동성이 커지면서 금융 리스크를 헤지하기 위해 거래되기 시작하였다. 즉 파생금융상품은 끊임없이 가격이 변동하는 불확실성에 대응하기 위해 등장한 도구인 셈이다. 이러한 파생금융상품의 거래는 1970년대 본격적으로 시작되어 외환선물, 이자율선물, 주가지수선물 등의 순으로 다양하게 발전되었으며 이제는 글로벌 금융시스템의 중요한 축으로 자리를 잡았다.

다양한 파생상품의 종류

파생상품의 종류는 다양하지만 그룹을 지어 생각하면 체계적으로 이해하기 쉽다. 다양한 파생상품을 기초자산, 계약 형태, 거래 장소 등에 따라 나누어보자.

먼저 기초자산은 금, 구리, 원유, 옥수수 등의 실물상품과

---

[1] 금본위제도 아래에서 해당국 화폐 소유자가 해당국 정부(중앙은행)에 화폐를 제시하며 금과 교환을 요구할 때, 정부(중앙은행)가 금으로 교환해 주는 것을 말한다.

주식, 채권, 외환 등의 금융상품으로 구분할 수 있다. 이 밖에도 날씨, 탄소 배출권, 신용 변동성 등 자연적 또는 경제적 현상도 파생상품의 기초자산이 되고 있으며 범위도 확대되고 있다. 이제부터 관심을 파생금융상품에 집중하도록 하겠다.

파생금융상품은 계약 형태에 따라서 구분할 수 있다. 이때 계약 형태는 기초자산의 가치가 변동할 때 파생상품의 손익이 어떻게 결정되는지에 따라 결정한다. 주요 계약 형태로 선도 거래, 선물, 옵션, 스왑 등이 있으며 이들의 원리를 이용해 복잡한 기준으로 만들어낸 파생결합상품도 있다.

아울러 파생금융상품을 거래소에서 거래하는 장내 파생금융상품과 거래소 밖OTC에서 거래하는 장외 파생금융상품으로 구분할 수 있다. 장내 파생금융상품은 계약 조건이 표준화되어 있는 반면, 장외 파생금융상품은 계약 단위, 만기 등 계약 조건이 거래 당사자들의 의사에 따라 자유롭게 결정된다.

파생금융상품의 거래 목적

"금융거래는 서로 원하는 바가 다를 때 일어난다."라는 말처럼 파생금융상품 거래 역시 마찬가지다. 파생금융상품의 거래 목적은 일정 기간 위험을 회피하기 위한 헤지[2], 위험을 부담하면서 이익을 추구하려는 투기, 위험 부담 없이 짧은 시간에 이익을 취하려는 차익 획득 등으로 구분할 수 있다. 이 세 가지

목적은 앞으로 여러 상품에서 계속 언급될 것이다. 물론 이러한 거래에는 전망 또는 이해가 상충되는 거래 상대방이 반드시 있어야 가능하다.

먼저 헤지거래는 파생상품이 태어나게 된 본래의 목적으로 기초자산의 가격 변동에서 오는 위험을 상쇄하여 위험을 없애거나 줄이기 위해 대응하는 거래를 말한다. 다음으로 투기거래는 기초자산이나 파생상품의 가격 상승 또는 하락을 전망하여 이익을 취하려는 거래를 말한다. 마지막으로 차익획득거래는 내용이 동일한 두 상품이 다른 가격으로 거래될 때 싼 상품을 사고 비싼 상품을 파는 거래를 동시에 취해 향후 가격 상승이나 하락에 관계없이, 즉 리스크 부담 없이 두 상품 사이의 가격 차이에서 비롯된 이익을 얻는 거래를 말한다.

파생금융상품과 증권의 차이

많은 사람이 파생금융상품을 증권과 비슷하게 생각하지만 그렇지 않다. 파생금융상품과 증권은 모두 원금 손실 위험이 존재하는 점에서 같지만, 파생금융상품의 경우 손실이 투자 원금을 초과할 수 있는 점에서 증권과 다르다.

---

2 헤지hedge라는 말은 가축을 보호하기 위해 낮은 키의 나무로 만든 울타리를 뜻하는 고대 그리스어의 'hecke'에서 유래하였다.

예를 들어 A기업의 주식을 100만 원에 매입하였다면 A기업이 파산하더라도 100만 원 이상의 손실이 발생하지 않는다. 그러나 A기업의 주식선물을 100만 원에 매입하였을 경우 A기업이 파산하면 100만 원 이상의 손실이 발생할 수 있다. 이는 파생금융상품이 가지고 있는 레버리지 효과 때문인데 이에 대해서는 뒤에서 자세히 살펴볼 것이다.

길거나 짧거나 중립이거나: 롱, 숏, 스퀘어

이제 파생금융상품을 이해하기 위해 필요한 금융의 기본 원리를 살펴보자. 우선 포지션position 개념을 정리해 보자. 포지션은 자산에서 부채를 차감한 순자산의 크기로 결정하며 롱 포지션long position, 숏 포지션short position, 스퀘어 포지션square position으로 구분한다.

롱 포지션은 순자산이 플러스(+)인 상태를 말한다. 자산이 부채보다 많다는 뜻이다. 자산이 100억 원이고 부채가 60억 원이면 순자산이 40억 원인 롱 포지션 상태이다. 반면 숏 포지션은 마이너스(−)인 상태를 말한다. 부채가 자산보다 많다는 뜻이다. 자산이 70억 원이고 부채가 100억 원이면 순자산이 마이너스 30억 원인 숏 포지션 상태이다. 즉 나중에 돈을 갚아

포지션의 구분

롱

숏

스퀘어

야 하는 의무를 부담하고 있는 상태를 말한다. 한편 자산과 부채의 크기가 같은 상태를 스퀘어 포지션이라고 말한다. 자산이 100억 원이고 부채가 100억 원이면 순자산이 제로(0)인 스퀘어 포지션 상태다. 즉 자산이 부채보다 많으면 롱이고 적으면 숏이라는 뜻이다. 순자산이 긴가 또는 짧은가의 문제다.

자산과 부채의 동질성

앞에서 롱, 숏, 스퀘어 포지션을 설명하면서 포지션이란 결국 순자산의 크기라고 하였다. 여기서 주의할 사항은 자산과 부채가 '동일한 성질'을 가진다는 점이다.

예를 들어 외화를 원화로 환산해 외화자산 100억 원과 외화부채 100억 원을 가지고 있더라도, 만약 외화자산이 달러화와 유로화 각각 50억 원으로 구성되어 있고 외화부채가 달러화 60억 원, 유로화 40억 원으로 구성되어 있다면 스퀘어 포지션이라고 할 수 없다. 각 통화별로 자산과 부채의 규모가 같아야만 하기 때문이다. 그렇다면 같은 통화인 원화 또는 달러화로 대출 자산 100억 원과 차입 부채 100억 원을 가지고 있다면 스퀘어 포지션이라고 말할 수 있을까? 자산과 부채가 동일하게 구성[3]되어 있어서 향후 금리 변동, 환율 변동 등에 같은 폭의 가격으로 반응하기 때문에 스퀘어 포지션이라고 할 수 있다.

자산 가격의 변동과 손익

우선 각 포지션 별로 자산 가격이 변동할 때 포지션 보유자의 손익이 어떻게 나타나는지 살펴보자. 포지션이 일치하지 않은 상태에서는 금리, 주가, 환율 등 가격 변수의 움직임에 따라 자산 가치와 부채 가치가 다르게 변동하며 포지션 보유자의 손익이 발생한다. 롱 포지션의 경우 순자산(자산−부채)의 가격이 오르면 이익을 내는 반면, 순자산의 가격이 떨어지면 손해를 본다. 숏 포지션의 경우 순자산의 가격이 떨어지면 이익을 내는 반면, 순자산의 가격이 오르면 손해를 본다.

지금까지 포지션의 상태를 이야기하였지만 이제 포지션의

---

3   금리 변동으로 예를 들어 보면, 여기서 말하는 '동일하게 구성'이란 자산과 부채가 반드시 동일한 만기와 금리 변동 체계로 구성되어 있다는 뜻이 아니다. 세부적으로 일치하지 않아도 듀레이션duration이 같다면 시장금리가 1%p 변동할 때 자산과 부채가 동일한 규모로 같이 증가하거나 감소하기 때문에 이익도 손실도 발생하지 않는다.

변동을 살펴보자. 아무 것도 없는 상태에서 자산을 하나 매입하면 롱 포지션이 된다. 그 후 그 자산을 매각하면 자산이 없어지면서 포지션은 제로(0)가 된다. 그러면 포지션을 마이너스로 만들려면 어떻게 해야 할까? 가지고 있는 자산보다 더 팔면 된다. 그런데 없는 자산을 어떻게 팔 수 있을까? 남에게 빌려서 팔면 된다. 빌려서 팔았으니 현재 수중에 남은 자산이 없으며 앞으로 남에게 자산을 돌려주어야 할 의무만 남는다. 즉 마이너스 포지션이란 갚아야 할 부채를 말한다.

한편 롱 포지션의 손익은 직관적으로 이해하기 쉽지만 마이너스 포지션인 숏 포지션의 손익은 이해하기 쉽지 않다. 그래서 주식을 빌렸다가 다시 갚는 공매도short selling의 예를 통해 숏 포지션의 손익을 알아보도록 하자. ① 홍길동은 얼룩말 기업의 주식 100주를 3개월 기한으로 빌려서 가지고 있다. 자신의 자산 100주, 갚아야 할 의무인 부채 100주이기 때문에 스퀘어 포지션이다. ② 가지고 있는 주식 100주를 당시 주가인 10만 원에 팔았다. 즉 1,000만 원(주당 10만 원×100주)에 팔았다. 보유주식은 없어졌으나 100주를 갚아야 할 의무는 부채로 남아 있기 때문에 주식 관점에서 숏 포지션이다. ③ 3개월이 거의 다 된 시점에서 부채를 갚기 위해 주식 100주를 샀는데 당시 주가는 8만 원이었다. 즉 800만 원(주당 8만 원×100주)이 소요되었다. 따라서 주식을 보유하면서 갚아야 할 의무도 부담하고 있기 때문에 다시 스퀘어 포지션이 되었다. ④ 드디어 3개월 만기가 되어 보유한 100주의 주식을 빌려준 사람에게 돌려주었다. 주식을 보유하지 않게 되면서 돌려주어야 할 의무도 없어졌기 때문에 스퀘어 포지션이 되었다.

여기서 '홍길동은 이러한 거래로 얼마의 이익을 얻었을까?'라는 문제를 낼 수 있다. 답은 200만 원이다. 홍길동이 주식 100주를 1,000만 원에 판 후, 현금을 가지고 있다가 주식 100주를 800만 원에 사서 갚았기 때문이다. 요약하면 숏 포지션 상태에서 자산 가격이 하락하였기 때문에 이익을 보았다고 정리할 수 있다. 그런데 이는 정확한 계산일까? 조금 더 들어가면 주식을 빌릴 때 공짜로 빌리지 않고 약간의 수수료를 지급해야 하며, 주식을 판 돈으로 다시 주식을 살 때까지 예금하였다면 약간의 이자를 벌 수 있기 때문에 이 또한 감안해야 한다.

그러나 주식 가격이 기대와 달리 하락하지 않고 상승할 수도 있다. 만일 빌린 주식을 갚아야 할 때 주식 가격이 하락하지 않고 주가가 11만 원으로 상승하였다면 홍길동은 100만 원[(10만원-11만원)×100주]의 손실을 입게 된다. 즉 숏 포지션의 상태에서 자산 가격이 상승하였기 때문에 손실을 입었다. 여기에 주식을 빌린 대가로 수수료를 지급해야 하니 아픔도 커질 수밖에 없다.

위험에 대한 태도: 헤지, 투기, 차익 획득

앞에서 소개한 파생금융상품의 거래 목적으로 구분한 헤지 hedge거래, 투기speculation거래, 차익획득arbitrage거래 등을 투자자의 위험에 대한 태도를 기준으로 다시 설명할 수 있다. 헤지거래는 미래의 환경 변화에 따라 손익이 흔들리는 위험을 회피하기 위한 거래인 반면, 투기거래는 위험을 부담하면서 이익을 겨냥하는 거래다. 그리고 차익획득거래는 위험을 부담하지 않는 가운데 가격이 다르게 형성된 두 개의 동일 자산을 동시에 사고팔아 이익을 얻기 위한 거래다.

그런데 파생금융상품의 거래 형태를 보면 그 거래의 목적을 알 수 있을까? 결론부터 말하면 거래 자체만을 보고 어느 경우가 헤지거래인지, 투기거래인지 알 수 없다. 이를 알기 위해서는 파생상품거래와 연결된 다른 거래가 있는지 여부, 파생거래와 관련된 거래를 합한 종합 포지션이 어떻게 변동하였는지 알아야 한다.

파생금융상품의 거래 목적에 따른 포지션의 변동

반복하여 말하지만 파생금융상품의 거래 목적은 위험에 대한 태도와 관련되며 이는 종합 포지션의 변동으로 나타난다. 향후 경제 환경 변화에 따른 가격 변동 위험을 부담하지 않으려면 스케어 포지션 상태를 유지해야 하며, 위험을 부담하는 투기 목적 거래는 이익을 추구하기 위해 롱 포지션 또는 숏 포지션 상태를 취하게 된다.

그런데 다양한 파생금융상품인 선도거래, 선물거래, 옵션거래, 스왑거래 등에서는 각각 어떠한 포지션 변동이 일어날까? 이는 각 파생금융상품별 특성을 알아야 하기 때문에 아직 설명할 수 없다. 여기서는 단순히 포지션을 중심으로 거래 목적에 대해 조금 더 생각하기로 하자.

헤지거래

일반적으로 자산은 가격이 오르면 이익을 보고 가격이 떨어지면 손실을 입기 마련이다. 그런데 당장 무슨 일이 일어날지 모르는 불확실한 세상에서 자신의 자산 가격이 오를지 떨어질지 어떻게 알겠는가. 따라서 파생금융상품거래를 통해 전체적으로 스케어 포지션을 유지하여 불확실한 미래에 일어날 가격 변동 위험을 줄이고자 하는 수요가 생겨났다. 이를 위한 거래를 '헤지거래'라고 한다.

헤지거래를 위해서는 다른 거래에서 플러스(+) 포지션이 예상되면 마이너스(-) 포지션을 발생시키는 거래를 일으켜 위험을 상쇄하여 전체적으로 스케어(0) 포지션을 만들고, 다른 거래에서 마이너스(-) 포지션이 예상되면 플러스(+) 포지션을 발생시키는 거래를 일으켜 전체적으로 스퀘어(0) 포지션을 만든다. 이를 통해 향후 금리, 주가, 환율 등의 변동에 따라 전체 순자산이 변동될 가능성을 상쇄하면서 미래 자산 가격 변동에 자신의 손익이 흔들리지 않게 한다.

그러므로 헤지거래는 파생금융상품거래만으로 이루어질 수 없고, 이에 반대 방향으로 움직이는 다른 거래가 반드시 전제되어야 한다. 즉 대응하는 다른 거래가 먼저 있거나 예정되어 있고, 이에 대응하는 헤지거래가 있어야 한다. 파생금융상품거래를 통해 상쇄하려고 하는 위험이 있는 다른 거래가 없다면 투기거래가 된다.

투기거래

투기거래는 기초자산의 미래 가격 변동과 연계된 파생금융상품거래를 통해 이루어지기도 한다. 파생금융상품을 이용할 경우 레버리지 효과leverage effect[4]를 통해 작은 돈을 투자하고도

4　지렛대를 이용해 물건을 힘들이지 않고 들어 올리는 효과를 레버리지 효과라고 한다. 재무관리에서는 기업이 고정비fixed cost를 부담해 손익을 확대하는 효과를 말한다. 레버리지는 영업레버리지operating leverage, 재무레버리지financial leverage로 구분된다. 여기서 말하는 레버리지 효과는 재무레버리지로 적은 자기자본(증거금)을 투자하지만 많은 자기자본을 투자한 것과 같이 높은 이익을 획득할 수 있는 효과를 말한다. 그러나 자산 가격이 자신의 예상과 반대 방향으로 움직이면 레버리지 효과로 인해 더 큰 손실을 입을 수 있다.

큰 이익을 얻을 수 있다. 또한 기초자산에 비해 대체로 시장에서 더 활발하게 거래되며 더 간편하다. 더욱이 기초자산에 투자하면 가격이 올라야 이익을 내지만, 파생금융상품의 경우 가격이 떨어져도 이익을 낼 수 있도록 투자할 수 있다. 따라서 가격 하락을 예상하면서 이익을 낼 수 있도록 투자하기 원한다면 파생금융상품 투자가 간편하다. 어쨌든 투기거래는 가격 전망에 자신 있을 때 시작하며, 성과는 예상한 방향으로 가격이 변동하는지에 달려 있다. 가격이 상승할 것이라고 기대하면 롱을, 하락할 것이라고 생각하면 숏을 잡는다. 물론 이 과정에서 큰 이익을 볼 수 있지만 큰 손실을 입을 수 있다.

한편 투기에 목적을 둔다는 말은 자신의 전망을 믿는다는 뜻이다. "투기는 나쁘고 투자는 좋다는 일반적인 생각은 잘못되었다."라는 점을 분명히 밝혀 두고 싶다. 투자와 투기의 구분은 간단하다. 내가 하면 투자이고 남이 하면 투기이다. 투기와 투자는 이론적으로 구분할 수 없다. 금융시장은 다양한 수요와 공급이 부딪치는 장소이다. 많은 사람이 가격이 하락한다고 생각할 때도 가격이 오른다고 전망하는 사람들이 있어야 거래가 성립한다. 투기거래와 헤지거래는 서로 반대편에 서 있어야 거래가 활발하게 일어나는 데 도움을 준다.

차익거래

차익거래는 파생금융상품 그리고 이와 연계된 기초자산의 가격 사이의 차이를 이용해 이익을 얻기 위한 목적으로, 또는 어떤 파생금융상품 가격과 다른 파생금융상품의 가격 사이의 차이를 이용해 이익을 얻기 위한 목적으로 이루어지는 거래다. 동일한 상품 중 비싼 것을 파는 동시에 싼 것을 사서 반대 포지션을 취하면 위험 부담 없이 차익을 얻을 수 있다. 금융시장에서 이러한 차이가 발생할 때 차익거래가 활발하게 일어나면서 동일한 상품 가격이 곧 같아지게 되기 때문에 가격 발견의 효율성이 높아진다. 물론 차익거래자들이 거래를 하는 까닭은 시장의 효율성을 높이기 위해서가 아니라 자신의 이익을 위함이지만…. 그런데 여기에는 다른 가격이 매겨진 동일한 상품이기 때문에 비싼 가격은 곧 떨어지고 싼 가격은 곧 올라서 두 상품의 가격이 같아질 것이라는 확신이 전제되어 있다.

위험을 부담하지 않은 상태에서 일정 기간 이후 차익을 얻게 되어 바람직하나, 그 기회를 포착하기 어렵고 차익 기회가 짧은 시간 동안에만 존재하며 차익거래에 의해 기회가 순식간에 사라지는 경향이 있다. 또한 현물을 공매도하는 것이 현물을 매수하는 것보다 어렵기 때문에 현물을 사고 파생금융상품을 파는 차익거래는 상대적으로 쉬운 반면, 반대 방향의 차익거래는 어렵다. 파생금융상품 중 선물거래의 예를 들어 설명해 보자.

개인투자자들에게 현물과 선물을 이용한 차익거래는 어렵다. 그 이유는 첫째, 거래 수량이 많아야 하기 때문이다. 거래 수량이 많을수록 좋은 조건으로 거래할 수 있다. 둘째, 자금을 저렴하게 조달할 수 있어야 하기 때문이다. 현물 매입 자금과 선물거래 증거금에 소요되는 자금을 마련해야 하는데 이자 비용이 들기 때문이다. 셋째, 프로그램 매매[5]를 위한 자동화를 이용할 수 있어야 하기 때문이다. 복잡한 작업을 짧은 시간 안에 처리하기 때문에 수작업은 너무 느리고 실수할 가능성도 크다. 개인투자자들은 이러한 점에서 불리할 수밖에 없다.

표준화된 거래 조건의 좋은 점과 한계
: 기성복과 맞춤복

시장의 가장 중요한 기능은 가격을 발견하는 것이다. 가격이 형성되지 않으면 상품을 거래하기 어렵다. 시장참가자들이 동의하는 가격이 없으면 거래하는 데 많은 비용과 시간이 소

5　프로그램 매매program trading는 기관투자자들이 미리 설정해 놓은 일정한 전산 프로그램에 따라 주식을 대량으로 매매하는 거래를 말한다.

요되어 거래가 활성화되기 어렵다. 시장은 수요와 공급을 통해 가격을 찾는다.

거래의 빈도

그런데 가격이 원활히 형성되려면 어떤 조건이 필요할까? 거래량이 많아야 할까? 거래가 자주 있어야 할까? 물론 거래량이 많고 거래가 빈번하면 좋지만 하나만 선택해야 한다면 어떤 것이 더 중요할까?

작년에 한 번 대규모로 거래되어 형성된 가격이 지금 가격과 같다고 말하기 곤란하다. 조금씩이라도 자주 거래된다면 현재 가격은 조금 전 가격과 같다고 말할 수 있다. 가격의 발견에는 거래 빈도가 중요하다. 유명한 미술품의 거래를 예로 들어 보자. 이들은 가격도 엄청 비쌀 뿐 아니라 수요와 공급도 적어 자주 거래되지 않기 때문에 가격을 발견하기 어렵다. 그래서 가격을 찾아내기 위해 인위적으로 제한된 시간에 수요와 공급을 집중시켜 거래 빈도를 높인다. 우리는 이를 경매라고 부른다.

상품의 표준화

금융시장에서는 다양한 상품이 거래된다. 그런데 너무 많은 종류의 상품이 있으면 조금씩 다른 차이 때문에 어떤 상품이든 거래 빈도가 떨어지기 마련이다. 그래서 적정한 가격을 발견하기 힘들어지고 거래도 활성화되기 어렵다. 따라서 상품을 표준화해 거래되는 상품의 수량을 줄이고 거래가 원활히 이루어지도록 할 필요가 있다. 마치 표준화된 부품을 사용하면 대량으로 상품을 생산할 수 있는 이치와 비슷하다.

의류 쇼핑몰에서도 몇 가지 규격size을 정해 기성복을 팔고 있다. 예를 들어 남자 셔츠의 가슴둘레는 90, 95, 100 등으로 표준화되어 있지만 92, 98, 103 등의 규격은 없다. 제한된 표준에 집중하는 것이다. 반면 규격의 표준화는 다양한 수요를 모두 수용하지는 못하는 한계에 부딪힌다. 만약 어떤 사람이 가슴둘레 92의 셔츠를 원한다면 양복점에 가서 옷을 맞춰야 한다. 하지만 다양한 규격의 상품 거래를 원하는 사람은 별도의 시간과 비용을 더 지불해야 한다.

파생금융상품 중 선물은 거래 조건이 표준화되어 거래소에 집중 거래되는 반면, 선도거래와 스왑 등은 표준화되지 않아 거래소 밖에서 거래된다. 옵션은 표준화되어 거래소에서 거래되는 상품과 표준화되지 않아 거래소 밖에서 거래되는 상품이 함께 존재한다. 거래가 표준화되면 저렴한 비용으로 대규모 거래를 할 수 있는 장점이 있고, 비표준화된 거래는 각 거래 당사자가 원하는 다양한 요구를 충족하는 장점이 있다. 이렇게 표준화와 다양한 조건의 비표준화는 상호 균형을 찾으면서 금융시장 발전에 기여하고 있다.

레버리지: 지렛대의 원리

우리는 지렛대만 주면 지구도 들어 올릴 수 있다고 장담한 아르키메데스를 알고 있다. 유레카를 외치면서 목욕탕에서 뛰쳐나왔다던 고대 그리스의 자연과학자 말이다.

재무이론에서는 기업이 레버리지를 가질 경우 매출액 변화가 기업의 손익에 대해 어떠한 영향을 미치는지를 분석하는 것을 영업레버리지 분석이라고 한다. 여기서 레버리지는 고정 비용을 말한다. 기업재무와 금융시장에서 레버리지 효과는 이자를 부담하면서 돈을 빌려 투자해 수익을 거두면 그 수익률이 당초 자기 돈만으로 거둘 수 있는 수익률에 비해 훨씬 커질 수 있다는 의미로 널리 쓰인다. 물론 예상과 다르게 시장이 움직일 경우 자기 돈만으로 투자하였을 때보다 몇 배에서 수십 배에 달하는 손실을 입을 수 있다. "레버리지는 양날의 검이다."

계산을 통한 레버리지의 이해

레버리지 효과를 말로만 설명하기보다 간단한 예를 들어

자기 돈 100억 원을 투자할 때의 수익률

수익	−100	−50	0	10	50	100
수익률	−100%	−50%	0%	10%	50%	100%

계산하면 쉽게 이해할 수 있다. 자기 돈만으로 투자해 이익을 낼 경우 모두 자기가 가져가고 손실을 입을 경우도 모두 자기가 부담한다. 자기 돈 100억 원을 투자해 100억 원을 벌었다면 수익률은 100%이며, 모두 날렸다면 수익률은 −100%이다.

다음으로 자기 돈 100억 원에 빌린 돈 100억 원을 더해 200억 원을 투자할 경우를 살펴보자. 일단 200억 원을 투자할 때는 100억 원을 투자할 때보다 두 배의 전체 수익을 얻을 수 있다. 그런데 빌린 돈에 대해서 수익을 나누어 주지 않고 손익에 관계없이 일정한 이자만 지급한다(이자율이 10%라고 가정). 200억 원을 투자하였을 경우 200억 원을 벌었다면 10억 원의 이자를 지급한 후 남은 돈 190억 원은 자기가 가져가기 때문에 수익률은 190%가 된다. 이때 100억 원을 투자해 100억 원을 번 투자

자기 돈 100억 원과 빌린 돈 100억 원으로 200억 원을 투자할 때 수익률

수익	−200	−100	0	100	200
빌린 돈(이자)	10	10	10	10	10
자기 돈(수익)	−210	−110	−10	90	190

수익률 100%에 비해 굉장히 높다. 그러나 손실을 입을 경우에는 손실 규모가 더 커지며 마이너스 수익률도 더 확대된다. 자기 돈 100억 원을 투자해 손실 50억 원을 입었을 때의 수익률이 마이너스 50%이지만, 100억 원을 빌려 200억 원을 투자하였다면 손실 규모는 100억 원으로 커진다. 거기에 이자 비용 10억 원도 발생하기 때문에 투자 수익률은 마이너스 110%로 늘어난다.

레버리지 효과란 결국 고정 비용을 받침대로 이용한 결과

지금까지의 설명을 통해 남의 돈을 빌려 투자하면 이익을 낼 때는 수익률이 더욱 높아지고 손실을 입을 때는 수익률이 더욱 낮아지면서 수익률 변동 폭이 확대된다는 사실을 알았다. 빌린 돈이 많을수록 자기의 이익 또는 손실은 더욱 커진다. 이러한 에버리지 효과는 빌린 돈에 대한 비용인 금리가 고정되어 있다는 점 때문에 발생한다. 차입한 돈의 이자가 지렛대의 받침대 노릇을 한다. 우리는 파생금융상품의 거래에서 레버리지 효과를 발견하게 된다.

02

몸통을 흔드는 꼬리

* 몸통은 꼬리를 흔들고 꼬리는 몸통을 흔든다. 기초자산 가격과 파생상품 가격은 서로 영향을 주고받는다.

꼬리와 몸통

파생상품 가격은 기초자산 가격으로부터 파생되어 결정된다. 그래서 파생금융상품시장은 당연히 주식시장, 채권시장, 외환시장의 영향을 받을 수밖에 없다. 주가, 금리, 환율이 급변동할 때 파생상품 가격은 크게 흔들린다. 그러나 '몸통이 꼬리를 흔든다.'라는 말은 널리 사용되지 않는다. 너무 당연하다고 생각하기 때문이다.

반대로 파생금융상품 가격 변동이 기초자산 가격 변동을 불러올 수 있다. 파생상품 가격 변동이 기초자산 가격에 영향을 미칠 때 '꼬리가 몸통을 흔든다.'라고 표현한다. 즉 몸통이 꼬리를 흔들며 꼬리가 몸통을 흔든다. 다시 말해 '기초자산 가격과 파생금융상품 가격은 서로 영향을 주고받는다.'라고 말할 수 있다.

파생금융상품의 충격은 왜 크게 다가오는가?

우리는 파생금융상품시장에 대해 이렇게 알고 있다. '금융시장이 발전하면서 파생상품거래 규모가 점차 확대되는 가운데 일반적인 금융상품과 파생금융상품이 결합하면서 다양한 형태의 상품 개발이 가능해졌다. 물론 쉽게 이해하기 어려운 복잡한 구조를 가진 상품이 발행되지만, 금융공학은 새로운 금융상품거래를 만들어 내면서 금융 혁신financial innovation에 기여하는 것도 사실이다. 그러나 이를 통해 높은 수익을 얻을 수 있는 기회를 만들면 좋겠지만 조금 위험스럽기도 하다. 그런데 파생금융상품시장은 투자자들의 참여가 활발하여 기초자산시장보다 유동성과 정보 효율성이 높으며 파생금융상품 가격을 통해 기초자산의 적정 가격을 발견할 수 있다.' 모두 맞는 말이다.

하지만 파생금융상품시장의 급변동은 기초자산시장의 움직임에 비해 다른 충격으로 다가온다. 파생금융상품은 나름대로 가격을 결정하는 메커니즘이 있으나, 일반 사람들에게는 생소하게 느껴지기 때문에 평소에는 숨어 있다가 가격이 급변동할 때 갑자기 세상으로 튀어나온 것처럼 보인다. 문제는 일반 사람들이 파생금융상품의 구조와 위험을 잘 이해하지 못하고 있다는 점이다.

여기서 일반 투자자가 알아야 할 몇 가지를 강조하고 싶다. 첫째, 파생금융상품의 거래 규모는 우리가 짐작하는 것보다 훨씬 크다는 점이다. 거래 규모가 크면 시장에 미치는 영향도 당연히 커질 수밖에 없다. 둘째, 앞에서 설명한 바와 같이 파생금융상품 투자에는 레버리지 효과가 있기 때문에 기초자산 투자에 비해 상당한 폭으로 손익이 발생한다. 예를 들어 파생상품 10개의 투자는 기초자산 100개의 투자와 비슷한 규모의 손익을 발생시키는데, 투자금 대비 손실을 크게 입게 되어 이를 견딜 수 없으면 털고 나올 수밖에 없다. 이때 가격은 크게 하락하게 된다. 셋째, 파생금융상품의 거래는 기초자산의 거래에 비해 신속하게 이루어진다. 이는 시장에 참가하는 투자자들이 단기적인 가격 변동에 민감하게 반응하기 때문에 사고팔기를 자주 할 수밖에 없는 데 기인한다.

네 마녀의 날

금융시장에는 1년에 4번 '네 마녀'가 찾아오면서 4가지 파생금융상품이 심술을 부린다. 쿼트러플 위칭 데이Quadruple Witching Day[6]는 주식시장 관련 파생금융상품의 만기일이 겹치는 날을 뜻한다. 네 마녀는 주가지수선물과 옵션, 개별 주식선물과 옵션의 4가지 파생금융상품 만기일이 3월, 6월, 9월, 12월 둘째 목요일에 겹치는 날 마술을 부린다. 선물과 옵션은 주식과 달리 상품을 보유할 수 있는 최대 기간인 만기가 정해져 있어, 네 마녀의 날은 선물과 옵션을 보유할 수 있는 마지막 거래일이다. 결국 이날 선물과 옵션 포지션을 청산하려는 투자자들과 변동성을 노린 투자자들의 거래가 맞물리면서 시장의 변동성이 커진다. 현물과 파생금

6   2002년 미국에서 개별 주식선물이 추가되면서 트리플 위칭 데이가 쿼드러플 위칭 데이가 되었다. 우리나라에서는 2008년 6월부터 개별 주식선물이 추가되면서 4가지 파생금융상품의 만기가 겹치게 되었다. 그러나 실제로는 쿼트러플 위칭 데이Quadruple Witching Day와 트리플 위칭 데이Triple Witching Day 사이의 차이는 별로 없다. 개별 주식옵션은 거래가 거의 없기 때문이다.

융상품 사이의 가격 차이를 이용한 물량이 시장에 쏟아지면서 예측하기 어려운 주가 움직임이 나타날 수 있다. 이때 지수차익거래와 같은 프로그램 매매가 대규모로 일어나기도 한다. 매수·매도 차익 잔고가 대량 청산될 경우 주가에 엄청난 부담이 되거나 호재로 작용하기도 한다. 하필 이날이 금융통화위원회의 기준금리 조정 발표일과 겹치게 되면 변동성이 더욱 확대될 우려가 있다. 그러나 이날이 되어도 보합세를 유지하거나 평소 수준의 변동 폭으로 끝나기도 한다. 당연히 예외도 있기 때문에 반드시 주가가 오른다고도 내린다고도 할 수 없다. 다만 이날이 되면 투자자들은 항상 긴장하기 마련이다. 한편 '네 마녀의 날'은 파생금융상품 만기에 따른 수급 이벤트에 불과하기 때문에 중장기적으로 시장에 미치는 영향이 제한적이라는 분석도 있다.

파생금융상품은 왜 존재하는가?

파생금융상품시장과 기초자산시장인 주식시장, 채권시장, 외환시장의 관계를 생각하면서 이제 파생금융상품이 어떤 기능을 하는지 생각해 보자. 개별 투자자의 미시적인 입장보다 시장 전체의 거시적인 입장에서 접근하려고 한다. 그런데 파생금융상품이 존재하는 이유가 역설적이게도 '꼬리가 몸통을 흔드는 바탕'이 된다. 특정 방향을 지향하는 거래에는 그와 상반된 방향을 지향하는 거래가 있을 뿐 아니라 모든 거래에는 종종 무리하는 사람들이 있기 때문이다.

첫째, 파생금융상품은 헤지거래가 가능하기 때문에 투자자를 기초자산의 가격 변동 위험으로부터 지켜준다. 투자자가 위험을 회피할 수 있도록 하는 장치는 시장참가자를 확대하는데 기여한다. 둘째, 파생금융상품은 기초자산의 과도한 상승과 하락이라는 변동 폭을 줄여 주면서 적정 가격을 발견할 수 있게 하여 시장 효율성을 높인다. 예를 들어 주가가 이상 현상으로 급등해 시장이 과열될 때 파생금융상품을 이용해 주가하락에 베팅하는 규모가 늘어나면 주가가 떨어져서 적정한 자리를 찾아간다. 셋째, 파생금융상품은 투자자의 욕구를 충족시킬 수 있는 다양한 투자 기회를 제공해 여러 가지 방법으로 이익을 얻을 수 있도록 한다. 심지어 파생금융상품 투자 금액은 기초자산 투자 금액에 비해 상대적으로 적어서 더 큰 이익을 겨냥할 수 있다. 물론 이 과정에서 손실이 생기기도 한다.

파생금융상품의 거래 규모

우리나라의 파생금융상품시장에서는 대외거래와 관련한 환율 변동 위험에 대한 헤지 필요성으로 선물환거래가 상대적으로 일찍부터 발달하였다. 그러나 그 밖의 다른 상품은 거래가 활발하지 않아 1990년대 중반 이전까지 별다른 시장이 형성되지 못하였다. 그러다가 1990년대 중반 이후 금융 자율화와 개방화가 진전되면서 금리, 환율, 주가 등 가격 변수의 변동성이 확대되자, 수요가 크게 증가하고 관련 법규와 제도도 정비되어 파생금융상품시장이 본격적으로 발전하기 시작하였다.

국내 파생금융상품시장을 장내거래와 장외거래로 나누어 살펴보면 대체로 장내 파생금융상품거래 규모는 장외 파생금융상품거래 규모의 약 10% 수준에 불과할 만큼 장외시장의 비중이 크다. 이는 기본적으로 파생금융상품이 표준화되기 어려운 데 기인한다.

먼저 장내시장의 경우 2023년 기준으로 코스피200선물 및 개별주식선물의 일평균 거래 대금이 각각 21조 원 및 3조 원이 거래되었으며 3년국채선물, 10년국채선물, 미국 달러선물도 활발하게 거래되고 있다. 옵션거래의 경우 코스피200옵션이 약 4,600억 원으로 가장 많으며 개별 주식옵션의 일평균 거래 대금도 1,800억 원에 달하고 있다. 이처럼 거래 금액 기준으로 보면 선물거래액이 옵션거래액의 90배에 달하나 이는 선물계약액이 옵션계약액보다 상당히 크기 때문이다. 사실 계약 건수 기준으로 보면 선물계약이 448만 건, 옵션계약이 344만 건으로 큰 차이가 없다.

한편 장외 파생금융상품시장의 경우에는 통화 관련 파생상품과 금리 관련 파생금융상품이 활성화되어 있다. 통화 관련 파생금융상품은 선물환거래가 대부분을 차지하는 가운데 통화스왑도 중요한 상품으로 자리 잡고 있다. 선물환거래는 기업과 금융회사의 환 리스크 헤지 수요, 차액결제선물환NDF,

장내 파생금융상품 일평균 거래[1]

(억 원, 건)

	도입 시기	2021년	2022년	2023년	
	금액	금액	금액	금액	계약
코스피200선물	1996. 5.	286,322	249,129	214,160	259,974
미니코스피200 선물	2015. 7.	28,731	17,884	14,785	90.064
코스닥150선물	2015. 11.	8,722	10,330	15,994	123,597
개별 주식선물	2008. 5.	44,764	25,816	31,302	3,727,898
3년국채선물	1999. 9.	163,006	162,694	166,962	160,566
10년국채선물	2008. 2.	85,965	73,728	77,856	70,128
미국 달러선물	1999. 4.	45,772	66,857	57,457	440,959
엔선물	2006. 5.	123	131	288	3,138
유로선물	2006. 5.	442	439	476	3,378
선물 전체[2]		664,931	607,831	579,836	4,883,648
코스피200옵션	1997. 7.	6,609	5,876	4,550	1,828,899
미니코스피200 옵션	2015. 7.	293	272	162	136,560
코스피200 위클리옵션[3]	2019. 9.	1,381	1,833	1,822	1,396,476
개별 주식옵션	2002. 1.	9	14	21	219,994
옵션 전체[4]		8,044	7,666	6,366	3,436,268
합계		672,975	615,497	586,201	8,319,916

1) 상품별 일평균은 실 거래일로 산출하며 선물 전체, 옵션 전체, 일평균은 연거래일로 산출
2) 선물 전체는 KRX300, 변동지수, 섹터지수, ETF, 5년국채, 위안, 금선물 등을 포함
3) 코스피200지수를 기초 지수로 하는 점은 코스피200옵션과 동일하며, 매주 월요일 및
   목요일 상장되어 1주일간 거래되는 옵션
4) 옵션 전체는 코스닥150옵션을 포함

자료: 《연차보고서》, 한국거래소, 2024년 2월

장외 파생금융상품거래 잔액

(조 원)

	2021년 말	2022년 말	2023년 말
주식스왑	57	73	84
이자율스왑	6,832	7,360	8,252
통화선도	2,650	2,704	2,873
통화스왑	1,471	1,701	1,667
기타[1]	296	372	414
거래 잔액 계[2]	11,305	12,210	13,291

1) 기타는 주식선도, 주식옵션, 이자율선도, 이자율옵션, 통화옵션, 신용파생상품 등을 포함
2) 거래 잔액은 기간 말 기준 미청산 금액

자료: 《2023년 금융회사 장외 파생상품거래 현황》, 금융감독원, 2024년 6월

Non-Deliverable Forward거래 등에서 주로 발생하였다. 글로벌 금융위기 이후 거래 규모가 감소하였다가 2015년부터 기업의 수출입 증가와 금융회사의 해외증권거래 확대 등의 영향으로 증가 추세로 전환되었다. 이 밖에 금리 관련 파생금융상품으로는 금리스왑, 금리옵션, 선도금리계약 등이 거래되고 있다.[7]

[7]   이자율 관련 파생금융상품을 금리 관련 파생금융상품이라고도 한다. 즉 이자율스왑은 금리스왑, 이자율옵션은 금리옵션과 같은 말이다.

세상을 흔들거나 세상을 구하거나

파생금융상품은 투자의 지평을 넓힐 수 있으리라는 기대를 받았다. 그러나 파생금융상품을 막연하게 과학적 투자라고 맹신하면서 여러 위기를 초래하는 주된 원인 중 하나가 되었다. 자동차가 늘어나면 교통사고도 늘어난다.

이제 파생금융상품의 거래가 시장에 큰 영향을 미친 사례들을 찾아보자. 파생금융상품의 손익구조에 대해 살펴보지 않았기 때문에 충분히 이해하지 못할 수도 있다. 호기심을 자극하는 차원에서 사건들 이야기를 먼저 하지만, 이 책을 끝까지 읽은 후에 다시 사건들이 일어난 요인을 확인하면 충분히 이해할 수 있을 것이다.

선물: 베어링스은행의 파산[8]

선물futures 투기거래로 인해 파멸에 이른 개인이나 금융회사의 사례는 수없이 많지만, 그 중에서도 베어링스Barings은행의 파산이 대표적으로 거론된다. 1995년 2월 27일, 영국 왕실인 윈저궁의 주거래 은행이기도 한 역사와 전통을 자랑하는

8　이 사건은 제임스 디어든 감독, 이완 맥그리거 주연의 〈Rogue Trader〉라는 영화로 1999년 개봉되었다. 우리나라에서는 〈겜블〉이라는 제목으로 바꾸어 상영하였다.

베어링스은행이 파산하였다.

싱가포르 국제통화거래소SIMEX, Singapore International Monetary Exchange에서 주가지수선물거래를 통해 1993년 베어링스그룹 전체 이익의 20% 이상을 벌어들이는 성공을 거두었던 닉 리슨Nick Leeson은 1994년 말 1만 9000포인트까지 떨어진 지수가 2만 포인트대 이상으로 오를 것으로 판단해 Nikkei225주가지수선물에 상당액의 매입 포지션을 취하였다. 그 이유는 당시 미국에서 고금리정책의 기미가 보였기 때문이다. 그는 미국 금리가 오르면 달러가 강해지고 엔화가 상대적으로 약해지기 때문에 엔고에 시달리고 있던 일본 경제가 회복되어 Nikkei 지수 또한 올라갈 것으로 판단하였다. 그러나 1995년 새해의 Nikkei지수는 1만 8000포인트까지 폭락하였고, 이어 1월 17일 고베 대지진으로 다시 1000포인트 이상 하락하였다. 이에 리슨은 본사에 10억 달러를 긴급히 지원해줄 것을 요청하였고 이 돈으로 70억 달러의 주가지수선물을 더 사들여 지수 상승을 시도하였다. 하지만 곧이어 미국의 금리억제정책이 발표되면서 Nikkei지수는 1만 7000포인트대로 다시 폭락하였다. 베어링스은행은 13억 달러에 이르는 손실을 견디지 못하고 결국 파산하고 말았다.

옵션: 키코의 눈물

은행권에서 판매한 파생금융상품 손실의 대표적인 예로 '키코 사태'가 빠지지 않는다. 여기서 키코KIKO, knock-in Knock-out란 달러, 유로, 엔화 등의 통화를 기초자산으로 하는 통화옵션의 한 종류다. 키코를 활용하면 환율 변동으로 인한 환차손 위험을 헤지할 수 있었다.

일반적으로 우리나라 기업들은 환율이 상승하면 수출이 증가하고 환차익 확대로 이익을 얻지만, 환율이 하락하면 수출이 감소하고 환차손에 노출된다. 환차손에 노출될 때 흑자 도산하는 기업들도 생기게 된다. 이러한 환율 변동에 대응하기 위해 2007년부터 수출 비중이 높은 중소기업들을 중심으로 은행들이 판매하는 키코를 확대 매수하였다. 그런데 키코는 사전에 설정된 일정 범위 내에서 움직일 때만 환율 변동에 대해 헤지되며, 범위를 벗어나면 옵션 매수자가 손실을 감수해야 하는 구조로 되어 있었다.[9]

9　키코 약정에는 환율 변동의 상한선과 하한선이 정해져 있었다. 만약 환율이 상한선과 하한선 안에서 움직인다면 기업은 계약상 약정 환율에 달러를 팔 수 있어 환헤지가 가능한 구조였다. 그러나 환율이 상한선을 벗어나면 약정액의 1~2배에 달하는 금액을 계약 종료 시 환율로 매수한 후, 사전에 약정된 환율을 적용해 은행에 팔아야 했다. 반면 환율이 하한선을 벗어나면 계약을 무효로 하도록 규정되어 있었다. 따라서 이 경우에는 옵션을 매수한 기업이 환손실을 입을 수밖에 없었다.

당시 시장 상황을 살펴보면 원·달러 환율이 900원대에 머물러 있었는데 정부가 환율을 인위적으로 높은 수준으로 유지하고 있어서 환율은 하락할 조짐을 보였다. 따라서 많은 기업이 환율 하락에만 초점을 맞추고 있었다. 그러나 2008년 미국발 글로벌 금융위기 여파로 환율이 급등해 빠른 속도로 1,500원까지 상승하였다. 이때 키코 가입 조항에 있던 '상한선에 환율이 도달Knock-in하면 기업들이 약정 환율로 달러를 팔아야 하는 옵션'이 발동되었다. 키코에 가입한 중소기업들은 환율이 오를수록 손실이 나는 키코 구조에 의해 큰 손실을 입게 되었다. 일부 기업들은 파산하였으며 키코 사태를 해결하지 못해 상장 폐지 되는 기업들도 생겼다.

금융감독원에 따르면 키코로 피해 입은 기업은 738개사, 손실액은 약 3조 2,247억 원에 이르는 것으로 파악되었다. 피해 기업들은 키코계약이 불공정하거나 상품의 위험을 제대로 설명하지 않았기 때문에 계약이 무효라고 주장하였다. 당시 금융분쟁조정위원회는 은행의 고객보호의무 위반 정도와 기업이 통화옵션계약의 위험성 등을 스스로 살폈어야 할 자기책임 원칙 등을 고려해 기본 배상 비율을 적용하였다.

스왑: 외환위기 우려를 해소

2008년 많은 나라가 글로벌 금융위기 상황에서 달러 유동성 부족으로 어려움에 시달리고 있었다. 당시 우리나라는 1997년 말 외환위기 경험을 교훈 삼아 상당한 규모의 외환보유액을 가지고 있었으나 전 세계적인 위기를 벗어나기는 힘들었다. 환율이 크게 상승하는 가운데 외환보유액이 점점 감소하면서 다시 외환위기가 도래할지 모른다는 우려가 확산되었다. 외환보유액이 많더라도 환율 상승에 대응하는 과정에서 점점 줄어들었으며 더 줄어들 경우 위기의 시그널이 되었기 때문에 사용에 제약이 있었다.

이렇게 위기에 대한 우려가 깊어지는 가운데 2008년 10월 30일 한국은행은 미 연준과 통화스왑계약을 체결한다고 발표하였다. 중앙은행 간 스왑이란 한국은행과 미 연준이 원화와 달러를 일정 규모 내에서 서로 교환하는 계약을 말한다. 이 계약으로 한국은행은 미 연준으로부터 원화를 대가로 최대 300억 달러(약 39조 원)까지 미 달러화 자금을 공급받을 수 있는 라인이 개설되었다.[10]

한국은행은 이 달러화를 재원으로 국내에 설립된 외국환은

10　미 연준은 달러화 유동성을 공급할 목적으로 우선적으로 주요 선진국과 통화스왑계약을 체결한 이후 한국, 브라질, 멕시코, 싱가포르 등 4개 신흥시장국과 통화스왑을 체결하였다. 계약의 유효 기간은 2009년 4월 30일까지였다. 위기 상황에서 우리나라가 기축통화인 달러를 필요로 한 반면, 미국은 원화를 필요로 하지 않았기 때문에 원화를 담보로 일정한 이자를 내고 달러를 빌려오는 거래 약정이라고 볼 수도 있다.

행들에게 경쟁입찰방식으로 미 달러화 유동성을 공급할 수 있게 되면서 위기에 대한 우려가 잦아들었다. 여기서 통화스왑으로 계약한 달러 금액 자체의 중요성보다 언제든 달러가 부족해질 경우 또 다른 통화스왑계약을 체결하여 달러를 추가로 공급할 수 있다는 가능성을 시장에 전달한 사실이 중요하였다.

선물환: 글로벌 금융위기 과정에서 외화 사정이 어렵게 된 요인

글로벌 금융위기가 도래하였을 때 우리나라도 외화 부족 문제를 드러냈다. 주요 요인 중 하나는 금융위기 이전 달러 가치 하락에 대비해 우리나라 선박 수출기업들과 해외증권투자자들이 대규모 선물환을 매도하였다는 점이다. 즉 달러가 비쌀 때 먼저 팔아 놓자는 생각이었다. 당시 정부가 '환율주권론'을 내세우며 고환율정책을 유지하면서 경제주체들이 모두 환율 하락을 예상하고 있었다. 그들은 그동안 정부가 수출을 확대하기 위해 정책적으로 원·달러 환율을 상승시켜 원화 가치를 약하게 만들고 있다고 생각하였다. 하지만 이러한 현상은 오래 가지 못하고 얼마 후에는 환율이 시장 기능에 따라 하락할 것이라고 예상하였다. 따라서 선박 수출기업들과 해외증권투자자들은 아직 들어오지 않은 달러 유입에 대응해 환율 하락을 예상하면서 미리 달러를 팔고자 하였고 이는 선물환 매도[11]로 나타났다.

한편 국내은행들이 이러한 거래를 수용해 주면서 외환 포지션 변동을 상쇄하기 위해 단기외화차입을 확대하였다.[12] 즉 많은 사람이 환율 하락을 예상한 결과 대규모 해외 단기자금이 유입되었던 것이다. 대부분의 선박 수출기업과 해외증권 투자자는 향후 수취할 선박 건조 대금의 원화 환산액과 향후 회수할 해외 증권 투자금의 원화 환산액을 미리 확정하기 위한 헤지 목적을 가지고 있었지만, 일부는 원·달러 환율의 하락을 예상해 투기적 의도로 과도한 매도 포지션을 취하기도 하였다. 당시 정책당국이 환율 유지를 위해 현물 외환시장에 개입한 반면, 선박 수출기업과 해외증권투자자는 향후 환율 하락 가능성에 대비해 선물환거래로 대응하였던 셈이다. 정책당국은 시장 관리에 중점을 둘 뿐 선물환시장에는 관심을 기울이지 않고 위험 관리에 소홀하였다. 정책과 시장이 다른 생각을 하고 있었으며 정책은 시장의 파생금융상품거래를 면밀히 읽지 못하였다.

---

11   미래에 들어올 달러가 있으면 헤지거래가 되지만 미래에 들어올 달러가 없으면 투기거래가 된다.

12   수출기업의 선물환 매도에 따라 국내은행들은 선물환 매입 포지션을 취하였으며, 이러한 외환 포지션 노출을 해소하기 위해 대규모 단기외화자금을 차입한 후 달러를 매각해 스퀘어 포지션을 취하고자 하였다.

신용부도스왑: 글로벌 금융위기의 확산

2008년 미국발 글로벌 금융위가 진행되는 과정에서 신용부도스왑CDS, credit default swap은 위기를 더욱 확산시켰다. 신용부도스왑CDS이란 리스크를 분산하기 위해 만든 파생금융상품이다.[13] CDS는 주택 가격이 상승할 경우에는 많은 이익을 남겨 주었다. 주택 소유자의 낮은 부도율 때문에 당시에는 이를 대량으로 거래한 보험사들이 위험을 거의 부담하지 않고 수익을 거둘 수 있다고 믿었다. 미국 정부도 이에 대해 거의 규제하지 않았다.

또한 CDS는 부채담보부증권CDO, Collateralized Debt Obligation[14]의 잠재적 위험을 덮을 수 있는 상품으로 인기가 많았다.

---

13 주택 소유자의 디폴트(부도) 가능성을 계량화해 보험성으로 거래되었는데, 그 규모가 1998년에서 2008년 사이에 100배나 팽창하였다. 2008년 11월 기준으로 CDS 규모도 33조에서 47조 달러로 미국 GDP의 2배를 넘나들었다.

14 부채담보부증권CDO은 회사채나 대출채권 등으로 구성된 집합pool을 대상으로 다양한 신용 등급별로 구분해 발행된 선·후순위 채권을 말한다. 신용도가 낮은 후순위 채권에 대해서는 다양한 신용 보강이 이루어진다. CDO는 기초자산의 종류에 따라 회사채를 기초자산으로 하는 회사채담보부증권CBO, Collateralized Bond Obligation, 대출 채권을 기초자산으로 하는 대출채권담보부증권CLO, Collateralized Loan Obligation 등으로 분류된다. 미국의 모기지 전문 대출 기관들은 2000년대 중반 부동산 활황을 틈타 대출 자금을 조달하기 위해 모기지 채권이나 주택저당증권MBS를 대량 발행하였고, 투자은행들이 이를 사들여 합성한 뒤 발행한 채권이 바로 CDO였다. 2007년 주택담보대출 연체율이 높아지면서 이른바 서브프라임 모기지론 사태가 벌어져 채권 가격이 폭락하자 주요 금융회사와 투자자들이 큰 손실을 입었으며 글로벌 금융위기를 촉발하는 요인이 되었다.

CDO에 투자한 투자자가 CDS를 샀다면 CDO가 부도날 경우 CDS를 매도한 금융기관에서 원금을 보상받을 수 있었다. 당시에는 주택 가격이 계속 상승하고 있었기 때문에 판매사들은 CDO가 부도나리라고는 생각하지 않았다. 그들은 마치 자동차보험에 가입하듯이 만일의 경우에 대비하기 위한 보험으로 인식하였기 때문이다.

글로벌 금융위기 이전 미국 최대 보험회사인 에이아이지AIG, American International Group는 글로벌 금융기관들과 대규모 CDS 거래를 체결하고 있었다. AIG가 거래 상대방으로부터 수수료를 받는 대신 그 상대방의 기초자산인 증권의 가치가 하락하거나 부도가 발생할 경우를 대비해 손실을 보전하려는 계약이었다. 당시 AIG가 CDS계약을 통해 신용을 보증한 증권금액은 5,270억 달러였으며 여기에는 상당 규모의 CDO 등 서브프라임 관련 증권들이 포함되어 있었다. 금융위기 발생 이후 이 증권들의 가치가 크게 하락하거나 부도가 발생하면서 AIG는 사실상 파산 위기에 직면하였다. AIG가 파산하면 미국 금융시스템 전체가 무너질 위험에 놓였고, 보험가입자들이 손실을 입게 되는 상황이었다. 2008년 말 마침내 미국 연방정부는 AIG에 1,820억 달러를 공급하면서 감독당국의 감시 아래에 둘 수밖에 없었다. 이는 미국 역사상 한 민간회사에 대한 최대 규모의 정부 지원이었다.

파생결합상품: 불완전 판매의 여파

2024년, 홍콩H지수를 기초자산으로 하는 주가연계증권 ELS에서 대규모 손실이 발생한 사건이 일어났다. 주가연계 증권은 여러 가지 형태가 있는데 홍콩 ELS는 주가가 일정 수준 아래로 떨어져서 녹-인 구간Knock-In Barrier에 진입하면 손실이 발생하는 손익구조를 가지고 있었다. 즉 이 ELS는 투자자에게 일정 수준의 기준선을 제시한 후, 만기 시점의 홍콩 H지수가 기준선 이상으로 올라간 상태라면 투자자가 약정한 높은 수익과 원금을 판매사로부터 받을 수 있다. 반면 기준선 이하로 떨어진 상태라면 원금 손실이 투자자에게 발생한다. 그리고 만기가 3년이지만 6개월마다 상환 기준선을 초과하면 투자자는 중도에 원금을 돌려받게 되며, 그 기준선은 95%에서 시작해 6개월마다 매번 5%씩 낮아진다.

이와 같은 주가연계증권ELS의 문제는 처음이 아니었다.[15] 그러나 2024년에는 상품 만기가 도래하는 가운데 가입 규모

---

15 2015년 5월 고점을 찍던 홍콩H지수가 8개월 만에 반토막 나면서 2조 원이 손실 구간에 진입한 적이 있었다. 그런데 상품 만기가 오래 남아 있던 탓에 가입자들은 중도 해지를 하지 않았고 두 달 뒤 주가가 반등하면서 판매량이 오히려 2배로 올랐다. 금융당국이 ELS 총량을 규제해야 할 정도였다. 녹-인 구간에 접근한 것은 아니지만, 2020년 초에도 COVID-19 판데믹으로 홍콩H지수가 20% 가량 하락(1월 1만 2,000포인트대 → 3월 9,000포인트대)하면서 투자자들의 가슴을 졸이게 만든 적이 있다.

나 하락 폭이 이전과 비교할 수 없을 정도로 컸다. 손실의 순간이 다가오자 투자자들 상당수가 판매사들이 투자자들에게 홍콩ELS의 위험성을 알리기 위해 충분한 노력과 의무를 다하지 않았다고 주장하였다. 즉 자신들은 잘 몰랐다는 뜻이다. 판매사인 은행이 설명을 충분히 하지 않았는지 또는 투자자들이 이익을 보았으면 가만히 있었을 텐데 손실을 입자 은행에게 책임을 떠넘기려 한 것인지에 대한 분쟁이 있었다. 결국 손실이 발생하자 은행은 투자자들의 책임이라는 의견을 제시하였고, 투자자들은 은행의 책임이라고 주장하였다. 금융감독원도 위험이 큰 파생금융상품에 대한 감시·감독을 제대로 하지 않았다는 비판에 직면하였다.

파생금융상품이 시장을 흔든 요인들

파생금융상품 가격은 기초자산underlying assets 가격에 의해 도출되면서 둘은 일정한 관계를 이룬다. 파생금융상품 가격은 기초자산 가격에 근거해 산출된 이론 가격[16]과 거의 일치하지

---

16 1973년 경제학자 마이런 숄즈Myron Samuel Scholes와 수학자 피셔 블랙 Fischer Sheffey Black은 브라운운동 방정식으로부터 옵션의 이론 가격을 계산해 내는 블랙–숄즈모형을 만들었다. 파생상품의 이론 가격을 산정하는 작업은 쉽지 않

만 일시적으로 다소 낮거나 높은 수준을 나타내는 경우도 있다. 이는 주식, 채권, 외환 등 기초자산의 수급이 일시적으로 불일치하거나 선물, 옵션, 스왑 등 파생금융상품의 수급이 일시적으로 불일치하기 때문이다. 이 경우 파생금융상품 가격과 기초자산 가격이 괴리되지만 얼마 지나지 않아 모두 제자리를 찾는다. "길게 보면 별 문제가 없다는 뜻이다."[17]

이제 파생금융상품이 시장을 흔든 몇 가지 요인을 정리해보자. 이 요인들은 서로 배타적이지 않으며 동시에 작용하기도 한다.

검은 백조의 도래

검은 월요일Black Monday[18]은 예고 없이 찾아온다. 높이 쌓은 모래성도 작은 모래 한 알이 추가되면서 무너질 수 있다. 방아쇠trigger를 당기는 일은 예고되지 않는다. 갑자기 검은 백조black swan[19]가 찾아오면 금융시장은 혼란에 빠진다. 주식, 채권,

---

았다. 하지만 미국 항공우주국NASA의 과학자들이 월가Wall Street로 대거 진출해 복잡한 미분방정식 등을 이용하여 이론 가격을 도출함으로써 다양한 파생상품 개발에 기여하였다

17 그러나 단기적인 손실이 매우 크다면 투자자들은 더 이상 버티기 힘들어 손실을 입게 되는 경우가 많다.

18 1987년 10월 19일 월요일에 뉴욕증권시장에서 일어난 주가 대폭락 사건이다. 이 대규모 폭락 사태는 홍콩에서 시작해 서쪽을 향해 유럽으로 퍼졌으며 이후 다시 미국에 영향을 미쳤다.

외환 등 기초자산시장에서 주가, 금리, 환율이 급락하거나 급등하면서 매수세와 매도세가 실종되며 어떤 경우에는 가격 형성 자체를 알 수 없게 된다. 파생금융상품시장도 같이 요동을 치면서 움직인다. 엄밀히 말하면 이는 파생금융상품시장의 잘못이 아니다. 원래 파생금융상품 가격은 기초자산 가격에 의해 도출되기 때문에 이는 자연스러운 현상이다. 만일 기초자산 가격이 급변동하는 가운데 파생금융상품 가격만 안정적이라면 그것이 오히려 이상한 현상이다. 물론 파생금융상품시장이 기초자산시장의 급변동을 가속시킬 수도 있겠지만 안정화에 다소 기여하는 경우도 있다.

그러나 검은 백조가 기초자산시장보다 파생금융상품시장을 집중 타격하는 경우도 있다. 돈 받고 위험을 매입해 축적해 놓은 경우와 새로운 위험 구조를 만들어 놓은 경우엔 파생금융상품시장이 경제 급변동의 좋은 먹잇감이 된다. 이제 이들을 따로 구분해 알아보자.

위험의 대규모 매입

글로벌 금융위기가 확산되면서 신용부도스왑CDS을 대량

19　전혀 발생할 것 같지 않지만, 만약 실제로 발생하면 시장에 엄청난 충격을 주는 사건을 말한다.

판매하던 보험사들이 직격탄을 맞았다. 그런데 신용부도스 왑은 리스크를 분산시키기 위해 만든 파생금융상품이 아니던 가? 문제는 AIG 보험 같은 몇몇 금융회사가 분산되었던 여러 위험을 대규모로 매입하면서 '위험 분산'이 아니라 '위험 축적' 의 결과를 초래하였던 것이다. 보험사들은 평소에 위험을 거 의 부담하지 않고 수익을 거둘 수 있어 행복하였으나, 채권금 리가 급등하고 채권 발행자들이 도산에 몰리자 엄청난 손실을 입고 파산 위기에 놓이면서 미국 정부의 공적 자금을 받게 되 었다. 이는 파생금융상품을 위험 분산에 사용하지 않고 오히 려 위험을 적극적으로 모으는 데 사용하였기 때문이다. "그러 나 잊지 말자. 누군가 손해를 보았을 때 누군가 안도의 한숨을 내쉬고 있다는 사실을⋯." 자동차 연쇄 충돌 사고가 대규모로 발생하였을 때, 보험회사는 엄청난 보험금을 지급하며 울겠지 만, 보험에 가입한 많은 운전자는 보험금을 받으며 그나마 다 행이라고 생각한다.

노출된 위험 설계

신용부도스왑의 경우 다른 금융회사가 가지고 있는 위험을 사서 모음으로써 문제가 되었지만, 위험에 노출된 상품을 설계 하고 판매하여 이들 파생금융상품을 보유하던 매입자들이 손 해를 입기도 하였다. 얼마 전의 홍콩H지수를 기초자산으로 하는 주가연계증권, 글로벌 금융위기 때의 키코 등 비정형통화 옵션이 그 사례들이다. 글로벌 금융위기의 촉매제 역할을 하였던 부채담보부증권CDO도 대표적인 예로 거론된다. 이 상품들은 남의 위험을 떠안은 것이 아니라 스스로 위험을 만들어 내던 것들이다. "일단 복잡하면 잘 모른다는 사실도 공포가 되었다."

손실을 외면하는 이연移延

작은 손실을 키워 큰 손실로 만드는 데 파생금융상품이 일조하기도 한다. 특히 조직 안에서는 자신의 투자 실패가 소문나거나 상사의 질책이 두려워 손실을 털어 내지 않고 '언젠가 회복하겠지'라며 숨기다가 막대한 손실을 입기도 한다. 경우에 따라서는 기존에 발생한 손실을 보전하기 위해 거래 규모를 더욱 키워 새로운 투기거래를 하기도 한다. 물론 개인들도 자신의 실패에 눈을 감고 쳐다보지 않으려는 회피 현상을 보이지만, 조직에 있을 때는 남들의 비판이 두려울 뿐 아니라 개인의 실패와 비교하였을 때 책임져야 할 규모도 엄청나다. 그런데 손실과 맞닥뜨릴 때 파생금융상품이 등장하는 경우가 많다. 파생금융상품은 레버리지 효과가 커서 손실을 키우는데 안성맞춤이기 때문이다. 손실이 쌓이면서 파생금융상품의 거래가 회사를 망하게 한다.

잘못된 규제

정책당국의 잘못된 규제는 기초자산 가격과 파생금융상품 가격을 괴리시켜 위험을 만든다. 이는 파생금융상품의 잘못이 아니라 정책당국의 책임이다. 글로벌 금융위기 때 선물환이 개입되었다고 앞에서 이야기하였다. 당시 선물환은 향후 환율이 하락할지도 모른다는 우려로 수출 대금 등으로 받을 달러를 미리 파는 위험 회피 수단으로 활용되었다. 국내은행들은 이러한 거래를 수용해 주면서 외환 포지션 변동을 상쇄하기 위해 단기외화차입을 확대하였으나, 이는 금융위기 때 차입금 상환에 시달리면서 환율 상승 요인으로 작용하였다. 환율을 정책적으로 높게 가져간 외환당국의 잘못된 규제 때문이다. 여기서 파생금융상품에게 책임을 돌리기는 어렵다. 그런데 정책당국은 대체로 주식, 채권, 외환 등의 기초자산시장 위주로 가격을 규제하는 반면, 파생금융상품 가격을 규제하지 않는 경향이 있다. 이는 정책당국이 파생금융상품의 메커니즘에 대한 이해가 부족하기도 하거니와 규제 방법이 쉽지 않기 때문이라고 생각한다.

이와 같은 규제 실패는 파생금융상품이 아닌 다른 곳에서도 많이 나타나며 우리나라뿐만 아니라 주요 선진국에서도 발생한다. 그런데 규제는 어느 경우엔 반드시 필요하며 규제를 하지 않아 문제가 발생하기도 한다. 정책당국의 개입은 여건에 따라 적지 않게 필요하다. 더욱이 글로벌 금융위기가 닥쳤을 때 한미통화스왑을 체결해 위기를 해결한 사례는, 물론 중앙은행 사이의 통화스왑을 일반적인 파생금융상품으로 볼 수 없지만, 정책당국의 노력을 보여주었다.

03

불확실성을 잊자
: 선도거래

* 선도계약forward contracts은 불확실한 미래를 확실한 것으로 만들고 싶은 인간의 욕구에서 자연발생적으로 생겨났다.

선도거래의 개념

선도forwards거래는 미래 특정 시점에 어떤 상품을 특정 가격으로 사거나 팔기로 현재 시점에서 약정하는 계약에 의한 거래를 말한다.[20] 선도계약을 체결하면 거래의 쌍방은 상품의 인도 수량 및 가격, 등급, 인도 장소 등 약속 조건을 반드시 지켜야 할 의무를 진다. 거래 조건이 특별히 표준화되지 않으며 만기일에만 결제가 허용된다. 여기서 강조할 사항은 미래 시점에서 거래할 특정 가격을 현재 시점에 결정한다는 점이다. 또한 거래가 표준화되어 있지 않기 때문에 1:1로 상대방을 찾아 계약해야 하는 번거로움이 있다는 점이다.

선도거래와 선물거래

선도거래는 뒤에서 설명할 선물futures거래와 손익구조가 거의 비슷하다. 만일 선물거래에 관심이 있다면, 보다 알기 쉬운 선도거래를 먼저 이해하고 선물거래를 이해하는 편이 더 쉽다. 다만 선도거래와 선물구조의 손익구조가 같다고 하더라도 선물거래는 표준화된 거래라는 점, 거래소를 통해 증거금

20　이와 대칭되는 개념으로서 현물거래가 있다. 현물거래란 현시점에서 현재의 가격으로 상품과 현금을 교환하는 거래를 말한다.

을 납부해야 한다는 점 등 구조적인 면에서 선도거래와 차이가 있다. 선도거래가 어떻게 선물거래로 발전하게 되었는지, 그 차이는 무엇인지에 대해서는 뒤에서 설명한다.

선도거래를 왜 하게 되었는가?

대부분의 금융거래가 그렇듯 선도거래도 당사자들의 필요에 의해 자연스럽게 생겨났다. 선도거래를 왜 하게 되었는지에 대한 답은 간단하다. 미래에 어떻게 변할지 모르는 가격 변동 위험을 우려한 당사자들이 그 위험을 회피하기 위해서 선도거래를 시작하였다. 미래에 거래할 상품 가격을 현재 시점에서 미리 결정해 놓으면 계약 만료 시점에서 약속된 계약 가격으로 거래하기 때문에 거래 쌍방은 향후 시장가격이 올라갈지, 떨어질지에 대해 걱정할 필요가 없다.

여기서 작물을 밭에 있는 채로 사고파는 밭떼기라고 하는 거래를 통해 농부와 상인 사이의 배추 선도거래를 예로 들어 보자. 선도거래를 해 놓으면 농부 입장에서는 앞으로 배추 가격이 떨어지든지 올라가든지 걱정할 필요없이 열심히 농사에 집중하면 정해진 가격에 배추를 팔아 자녀의 학자금 및 각종 공과금 등 생활비를 마련할 수 있다. 상인 입장에서도 배춧값이 오르더라도 미리 정해 놓은 가격으로 사서 판매할 수 있기 때문에 구매를 걱정하지 않아도 된다.

농부와 상인의 걱정과 해결

	걱정	해결	
		현시점	미래 특정 시점
농부	배추 가격의 하락 위험	특정 가격(예 100달러)으로 매도하기로 계약	계약대로 매도, 현금 수입
상인	배추 가격의 상승 위험	특정 가격(예 100달러)으로 매수하기로 계약	계약대로 매수, 현금 지급

그런데 미래 시점의 매매 가격을 지금 확정해 놓으면 무엇이 좋을까? 조금 전 '향후 가격 변동을 우려해 잠을 설칠 필요가 없다.'라고 하였지만, 단지 그것뿐일까? 이에 더해 농부는 걱정 없이 향후 배추 수확량을 증대하기 위해 농사 기술에 전념할 수 있다. 상인 역시 배추 구매에 대한 걱정 없이 안심하고 판매처를 개척하는 데 힘을 쏟을 수 있으며, 판매처와 공급 가격을 미리 계약하여 일정 이익을 미리 확정할 수도 있다.

미래 가격은 어떻게 결정되는가?

조금 전 현시점에서 결정하는 미래의 특정 가격으로 계약하면 향후 가격 변동에 대한 걱정이 없어지며 다른 일에 힘을 쏟을 수 있다고 설명하였다. 하지만 미래에 주고받을 특정 가격을 현시점에서 어떻게 결정할지가 문제다. 이는 현재의 배추 가격, 향후 예상되는 배추 작황, 배추에 대한 미래의 수요와 공급 등으로 결정된다. 예를 들어 김치에 대한 해외 수요가 늘어나서 수출이 증가한다면 배추의 수요가 증가할 수 있으며, 전년도 배추 가격이 급등해 금년에 농부들이 배추 재배 면적을 확대하였다면 공급이 증가할 것이다.

어떤 농부는 전국적으로 배추 수확량이 적어질 것으로 예상하여 높은 가격이 아니면 팔지 않겠다고 할 수 있지만, 다른 농부의 예상은 다를 수도 있다. 한편 어떤 상인은 배추의 수요가 늘어날 것으로 예상해 비싼 가격을 전망할 수도 있다. 물론 기본적으로 농부는 높은 가격으로 계약하고 싶어 하고 상인은 낮은 가격으로 계약하고 싶어 한다. 이때 제시하는 가격에 대해 서로 만족하면 거래는 체결된다.

선도거래의 손익구조

이제 선도거래를 할 때 이익과 손실을 계산해 보자. 여기서 분명히 짚어야 할 점은 선도거래의 손익이 선도거래를 하였을 때의 손익과 선도거래를 하지 않았을 때의 손익 사이의 차이라는 것이다. 또한 먼저 알아야 할 사실은 거래 쌍방 중 한 사람의 이익이 다른 사람의 손실이며, 한 사람의 손실이 다른 사람의 이익이라는 점이다. 즉 선도거래는 제로섬 게임zero sum

인 셈이다.[21]

선도거래의 손익 계산

이제 사례를 배추에서 사과로 바꾸어 손익을 계산해 보자. 이때 사과를 생산하는 과수원 주인과 사과를 판매하는 마트 구매담당자는 가을에 수확하게 될 사과 가격이 얼마인지 모른다고 우려해 kg당 30만 원에 거래하기로 계약하였다고 가정한다. 이들의 손익은 만기 시점의 사과 가격이 계약 가격을 넘어서느냐 또는 계약 가격을 밑도느냐에 따라 정해진다.

이를 다음에 나오는 〈선도거래 매수와 매도의 손익구조〉 그래프를 보면 쉽게 이해할 수 있다. 그림 x축은 만기 때의 사과 가격, y축은 선도거래에 따른 손익을 나타낸다. 즉 x축을 따라 만기 때의 사과 가격이 결정 되면 각 가격에 대응하여 변동하는 손익은 y축의 금액이 된다.

먼저 가을이 되어 kg당 50만 원에 사과 가격이 형성되었다면, 마트 구매담당자는 사과를 kg당 50만 원에 살 필요 없이 당초에 계약한 30만 원에 살 수 있기 때문에 kg당 20만 원의 이익을 냈다. 마트 구매담당자는 계약 체결을 잘하였다고 생

---

21 계약 체결 당시 일부 계약금을 받았기 때문에 미리 받은 계약금에서 발생하는 이자 수입도 손익에 반영된다.

각할 것이다. 반면 과수원 주인은 kg당 50만 원에 팔 수 있었지만 당초에 계약한 30만 원에 팔아야 하기 때문에 kg당 20만 원의 손실을 보았으니 괜한 계약을 체결하였다고 후회할 수 있다.

그러나 사과가 풍년이라 가을에 kg당 10만 원에 사과 가격이 형성되었다면, 마트 구매담당자는 사과를 kg당 10만 원에 살 수 있지만 당초에 계약한 30만 원에 사야 하기 때문에 kg당 20만 원의 손실을 보았다. 구매담당자는 괜한 계약을 체결하였다고 후회할 수 있다. 반면 과수원 주인은 kg당 10만 원에 파는 대신 당초에 계약한 30만 원에 팔 수 있기 때문에 kg당 20만 원의 이익을 보았으니 계약 체결을 잘하였다고 생각할 것이다.

다음 그래프는 매수자(마트 구매담당자)와 매도자(과수원 주

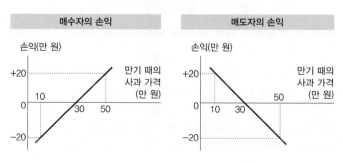

선도거래 매수와 매도의 손익구조

인)의 가을 사과 가격 변동에 따른 손익을 나타낸다. 물론 사과 가격은 kg당 31만 원, 32만 원이 될 수도, 29만 원, 28만 원이 될 수도 있다. 하지만 매수자와 매도자의 손익을 합하면 언제나 제로(0)가 된다. 거래 쌍방의 손익은 매매가 이루어지는 가을의 사과 가격과 계약 가격의 차이로 계산되며, 계약할 당시에는 손익을 알 수 없고 가을이 되어야 손익이 결정된다.

선물환

선물환거래는 현시점에서 미래의 일정 시점에 일정 금액, 일정 종류의 외환을 일정 환율로 매매할 것을 약속한 거래를 말한다.[22] 즉 외환의 선도거래다. 이런 거래를 하는 이유는 기업이 장래의 환율 변동 위험을 피해 일정한 환율로 미래의 일정 금액 외환을 매입하거나 매도할 수 있도록 하기 위해서다.

선물환에 '선물'이라는 말이 들어 있어서 선물거래라고 오해하는 사람들도 간혹 있지만 선물환거래는 선도거래의 일

22　더 정확하게 정의하면, 계약일로부터 통상 2영업일 경과 후 특정일에 외환의 인수도와 결제가 이루어지는 거래를 말한다. 선물환거래는 현재 시점에서 약정한 가격으로 미래 시점에 결제하기 때문에 선물환 계약을 체결하면 약정된 결제일까지 매매 쌍방의 결제가 이연된다는 점에서 현물환거래와 구별된다.

종이다. 따라서 선도거래 편에서 이야기하여야 한다. 선물환거래는 대체로 선물환 매입거래 또는 매도거래인 단순 선물환outright forward를 말하며 다시 만기 시점에 실물의 인수도引受渡가 일어나는 일반선물환거래와 만기 시점에 실물의 인수도 없이 차액만을 정산하는 차액결제선물환NDF, Non-Deliverable Forward거래로 나누어진다. 한편 선물환거래가 스왑거래의 일부분으로 일어나는 외환스왑Foreign Exchange Swap[23]거래도 선물환거래에 포함시킬 수 있다. 그러나 외환스왑거래는 뒤에서 설명할 통화스왑거래와 더 유사하기 때문에 〈06. 조건을 교환하다: 스왑〉편에서 설명하겠다.

선물환의 손익구조

이번 사례는 계약 대상이 배추나 사과가 아닌 달러라고 하자. 그리고 다음에 나오는 〈선물환 매수와 매도의 손익구조〉 그래프를 따라 변동하는 기초자산의 가격과 거래 당사자들의 손익은 앞으로 나올 손익구조의 기본이 되기 때문에 비슷한 예를 반복하겠다.

2024년 1월 초 현재 환율은 1,050원/달러라고 가정한다.

---

[23] 외환스왑거래는 선물환거래가 현물환거래와 함께 일어나는 거래의 합성이라고 볼 수 있다.

홍길동은 3개월 후 10,000달러를 1,080.5원/달러에 매수하기로, 일지매는 10,000달러를 1,080.5원에 매도하기로 계약하였다. 그 후 시간이 흘러 4월 초 계약 만기 시점이 되자 환율이 1,100원이었다. 홍길동과 일지매는 각각 얼마의 손익을 보았을까?

홍길동은 달러당 195,000원[(1,100원−1080.5원)×10,000달러]만큼의 이익을, 일지매는 그만큼의 손실을 보았다. 여기서 이익과 손실은 선물환 계약을 체결하지 않았을 때와 체결하였을 때의 달러 가격을 비교해 계산한 결과라는 사실을 잊지 말아야 한다. 홍길동과 일지매의 이익과 손실을 합하면 제로(0)가 된다. 만일 계약 만기 시점의 환율이 1,000원이라면 이 둘의 손익은 바뀌었을 것이다. 이때 홍길동과 일지매의 손익이

선물환 매수와 매도의 손익구조

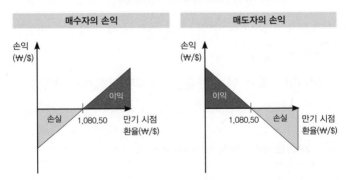

얼마인지는 여러분이 충분히 계산할 수 있으리라 생각한다.

그런데 여기서 조금 더 나아가 다음 배경을 생각해 보자. 사실 홍길동이 달러 선물환 매수 계약을 체결한 이유는 10,000달러만큼 지급할 필요가 있기 때문이며, 일지매가 매도 계약을 체결한 이유는 10,000달러만큼 수입이 예정되어 있기 때문이라고 가정하자. 즉 미래에 지급할 달러를 미리 사고 미래에 받을 달러를 미리 판 셈이라고 생각할 수 있다. 이렇게 선물환거래 뒤에 있는 현물환거래까지 포함해 종합적으로 생각해 본다면, 홍길동과 일지매 모두 이익도 손실도 보지 않았다. 즉 이들은 헤지거래를 한 셈이다. 다만 2024년 1월 계약 시점에서 예상하는 미래의 달러 가격으로 미리 거래하였다는 사실을 잊지 말자.

차액결제선물환

앞에서 만기 시점에 실물의 인수도 없이 차액만을 정산하는 선물환거래를 차액결제선물환NDF, Non-Deliverable Forward거래라고 부른다고 하였다. 차액결제선물환거래는 만기에 계약 원금의 교환 없이 약정 환율과 만기 때의 현물 환율인 지정 환율fixing rate 사이의 차이로 생긴 금액만 지정 통화로 결제하는 거래를 말한다.

차액결제선물환거래는 차액만 결제하기 때문에 일반 선물

환거래에 비해 결제 위험이 적다. 또한 작은 금액으로도 거래가 가능해서 레버리지 효과가 크기 때문에 환 리스크 헤지 수단은 물론 환차익을 얻기 위한 투기적 거래에도 널리 이용되고 있다. 아울러 차액결제선물환거래의 결제 통화로 주로 달러가 24시간 이용되기 때문에 비거주자가 해당 통화를 보유하거나 환전할 필요 없이 자유롭게 거래할 수 있는 장점이 있다.

선도거래에서 선물거래로

선도거래는 가격 변동 위험을 헤지하는 데 큰 도움이 되었으나 여러 가지 한계 때문에 이를 극복하기 위해 선물이 도입되었다. 그러나 선물시장이 크게 발전하고 있는 가운데 선도거래가 지속되고 있다. 왜 그럴까?

선도거래의 한계

선도거래는 거래 당사자들이 직접 만나 계약 조건을 정하는 사적인 거래다. 그런데 서로의 요구 조건을 충족하는 거래 상대방을 찾는 데 시간과 비용이 많이 든다. 자기가 거래하려는 조건과 반대 방향으로 비슷한 조건을 원하는 상대방을 찾기도 쉽지 않다. 예를 들어 어떤 농부가 6개월 후 배추 10,000포기를 포기당 최소 8,000원에 팔고 싶다면 같은 조건으로 합의할 수 있는 구매자를 찾아야 하는데 그런 일은 어렵다.

앞에서 선도계약을 맺을때 나중에 주고받을 금액의 일부를 계약금으로 주고받는다고 하였다. 이는 계약 이행을 보증하기 위한 최소의 안전장치라고 할 수 있다. 밭떼기의 예에서 상인은 농부의 밭 전체에서 수확되는 배추를 사전에 정한 가격으로 인수할 것을 약속하였지만, 막상 수확 시점에서 배추 가격이 폭락할 경우 상인은 폭락한 가격으로 배추를 사고 싶어진다. 즉 계약금을 포기하고 계약을 파기하는 사태가 벌어지는 것이다. 이렇듯 거래 당사자 사이의 계약에서는 항상 거래 일방이 계약을 이행하지 않을 수 있는 신용위험이 존재하기 마련이다.

간혹 방송에서 '경기가 침체된 가운데 배추 공급이 확대되어 배춧값이 하락하자, 농부들에게 계약금만 지급한 상인들이 제품의 하자를 이유로 계약을 포기하는 사태가 속출하면서 약속된 가격에 인도되지 못한 배추들이 밭에서 썩고 있다.'라는 뉴스를 접하곤 한다. 뉴스는 상인이 계약을 이행하지 않은 내용이지만, 수확기에 배추 가격이 폭등하는 경우 오히려 농부들이 상인들에게 계약금을 돌려주면서 계약을 이행하지 않을 가능성도 있다.

브로커에서 딜러로

앞에서 살펴보듯이 선도거래는 거래 상대방을 찾기 어렵고 거래 상대방의 신용위험이 존재하며, 중간에 계약을 취소할 수 없는 여러 불편한 점이 있다. 이러한 문제를 해결하려고 나온 것이 선물거래다. 이제 선도거래에서 선물거래로 넘어가기 전, 선물거래가 처음 시작된 미국 선물거래소의 역사와 배경을 살펴보자.

옛날부터 농산물의 출하 시기는 비슷하기 때문에 수확 시기를 수급 사정에 따라 인위적으로 조절할 수 없었다. 19세기 초 미국도 마찬가지였다. 따라서 농산물 가격 변동에 따른 우려와 계약의 원활한 이행에 대한 불안이 계속되었다. 특히 곡창지대를 중심으로 5대호에 인접한 농산물 집산지인 시카고는 이러한 문제가 다른 지역보다 심각하였다. 더욱이 1848년 5대호 인근 지역에 새로운 운하와 철도가 만들어지자 농산물 집산지 역할이 더욱 커지게 되었다. 또한 농산물 가격 변동에 대한 우려 역시 더 커질수밖에 없었다. 그래서 이러한 문제를 해결하기 위한 대책이 논의되었다.

모든 거래가 그렇듯이 선도거래도 활발하게 이루어지려면 거래의 일방과 반대 방향의 필요를 가진 상대방이 있어야 하는데, 이들이 만나기는 어렵다. 따라서 이를 중개하던 브로커들이 거래 상대방이 나타나지 않을 경우 자신이 가격 변동 위

험을 부담하는 딜러의 기능을 수행하기도 하였다. 브로커는
당사자의 거래를 중개하고 단순히 수수료를 받는 반면, 딜러
는 자신이 손실 위험을 부담하며 거래 일방의 상대방으로 참
여해 차익을 획득한다. 딜러들이 이렇게 활동하면 거래를 활
발하게 성사시킬 수 있기 때문이다.

선물거래의 확대와 선도거래의 지속

앞에서 살펴보듯이 딜러의 기능이 확대되고 여기에 거래의
안전을 담보하기 위한 신뢰 확보 장치가 더해지면서 공식적인
거래소가 설립되었다. 거래소는 복잡다기한 선도거래를 원래
방식으로 운영하기 힘들어 거래를 표준화하였으며 이에 따라
거래가 확대되었다. 1865년 시카고거래소가 표준화된 곡물
선물거래를 시행하면서 선물거래가 본격적으로 발전하기 시
작하였다.

그러나 장외시장에서도 선도거래가 활발히 이루어지고 있
다. 선도거래는 원하는 상품을 원하는 시점에 원하는 수량만
큼 사거나 팔려는 거래 상대방을 찾는 일이 현실적으로 어렵
고 시간과 비용이 많이 드는 것이 단점으로 꼽힌다. 하지만 거
래소에서 거래되는 기초자산이라면 그에 대한 선도거래를 제
공해 줄 상대방인 투자은행을 찾는 일이 그리 어렵지 않고 이
들의 신용도는 상당히 높다. 또한 만기 도래 전까지 가격 변동

에 따른 평가 손익만 발생할 뿐 선물거래처럼 매일매일 정산 과정이 없어서 현금 흐름의 문제가 일어날 가능성이 없다. 순수하게 헤지 목적으로 선도거래를 하였는데 중간에 손익을 계속 정산하게 되면 현금을 계속 지출해야 하는 상황이 될 수도 있기 때문이다. 아울러 선도거래는 자신의 필요에 정확하게 부합하는 조건으로 거래할 수 있는 장점이 있다. 반면 선물은 거래소가 표준화를 통한 유동화 확보를 목표로 하고 있어, 거래 규모나 만기일 등이 내가 원하는 조건과 잘 맞지 않아 베이시스 리스크basis risk[24]를 부담해야 할 가능성을 만든다.

---

24 베이시스basis는 현물 가격과 선물 가격의 차이를 말한다. 베이시스는 기본적으로 일정한 차이를 유지하지만 예상하지 못한 시장 상황에 따라 현물 가격과 선물 가격이 상이한 변화 패턴을 보이면서 변동한다. 베이시스 리스크는 이러한 베이시스의 변동에 따른 위험을 뜻하며, 현물거래와 선물거래 사이의 헤지를 불완전하게 만드는 요인으로 작용한다.

04

미래 가격을 거래하다
: 선물

* 선물에는 공급이 없다. 다만 롱을 사고자 하는 수요와 숏을 사고자 하는 수요가 있을 뿐이다.

선물의 개념

선물futures은 거래 당사자인 선물 매도자와 선물 매수자가 거래의 대상이 되는 기초자산을 현재 시점에서 약정한 가격으로 미래의 일정 시점에 인수하거나 인도하기로 체결한 표준화된 계약이다. 오래 전부터 자생적으로 거래되던 선도거래를 거래소에서 표준화하여 내 놓은 상품이기 때문에 거래가 활발하게 일어나지 않아 유동성이 확보되지 않는다면 시장의 힘에 의해 사라진다. 따라서 유동성을 충분히 확보하기 위한 표준화 방안이 중요하다.

하나의 선물거래는 거래 당사자의 입장에 따라 선물 매입long position과 선물 매도short position로 나뉜다. 선물 매입은 최종 거래일에 현재 시점에서 약정한 선물 가격으로 기초자산을 매입하기로 약정한 거래를 말하며, 선물 매도는 최종 거래일에 현재 시점에서 약정한 선물 가격으로 기초자산을 매도하기로 약정한 거래를 말한다.

선도거래와 비교한 선물거래의 특징

선물의 손익구조는 기본적으로 선도거래의 손익구조와 같지만 상품의 표준화, 거래의 조직구조, 거래 이행을 보증할 수 있는 제도적 장치 등에서 차이가 있다. 이제 이를 정리해 보자.

첫째, 선물거래는 선도거래와는 달리 조직화된 거래소에서 거래가 이루어진다. 따라서 거래 상대방을 찾아 다녀야 하는 불편이 없으며 정해진 시간에만 거래가 이루어지고 거래 체결도 정해진 방법에 의해 이루어진다. 둘째, 청산기관이 개입해 매입자에 대해서는 매도자의 역할을 하고, 매도자에 대해서는 매입자의 역할을 대신하기 때문에 계약 불이행의 위험이 훨씬 줄어든다. 이러한 청산기관의 개입은 거래 상대방의 신용 상태를 파악하기 위해 필요한 시간과 비용을 절약할 수 있게 한다. 셋째, 계약 불이행을 방지하기 위한 안전장치로 증거금제도(94쪽 참조)와 일일정산제도(96쪽 참조)를 두어 거래 쌍방이 거래 금액의 일정 비율에 해당하는 금액을 거래가 시작하는 시점에 지급하도록 하였다. 그래서 시장 상황의 변화에 따른 계약의 가치 변화를 매일매일 계산해 손실을 입은 일방으로부터 이익을 낸 상대방에게 해당 금액을 넘겨주도록 하고 있다. 넷째, 계약 만기일 전이라도 선물을 매수한 사람이 선물을 매도(전매도, long liguidation)할 수 있으며, 선물을 매도한 사람이 선물을 매수(환매수, short covering)할 수 있도록 하여 만기일에 실물을 인도 또는 인수해야 하는 의무에서 벗어날 수 있게 하였다.

선물거래를 이해하기 위한 몇 가지 용어

선물거래를 이해하기 위해 먼저 거래에서 사용되는 몇 가지

용어들을 알아둘 필요가 있다. 용어 자체가 생소하면 내용을 이해하기 어렵다. 용어들은 거래 제도에서 비롯된다.

먼저 '선물 만기'에 대해 알아보자. 같은 종류의 선물이라도 미리 다양한 만기를 정하고 있다. 선물거래가 가능한 마지막 날을 '최종 거래일Last Trading Day'이라 하며 거래가 끝나서 선물의 기초자산인 현물의 인수도가 이루어지는 날을 '최종 결제일' 또는 '인수도일'이라 한다. 그리고 현시점에서 만기가 빨리 돌아오는 선물계약을 '근월물近月物, Near Month'이라 하고, 만기일이 많이 남아 있는 선물계약을 '원월물遠月物, Distant Month'이라고 한다.

다음으로 '선물 가격 표시 방식'이란 선물 만기일에 해당 기초자산을 인수하거나 인도할 때 기준이 되는 상품의 계약 단위당 가격을 말한다. 그리고 '계약 단위'는 거래소에서 거래되는 상품의 기본 거래 단위로서 선물계약 1건의 규모를 말한다. 하나의 거래 단위를 1계약이라고 한다. 예를 들어 KOSPI200선물의 경우 지수에 거래 단위 승수인 500,000원을 곱한 것이 된다.

아울러 '호가 단위Tick size'란 선물계약의 매입과 매도 주문을 할 때 제시하는 가격의 최소 가격 변동 폭을 말한다. 호가 단위는 종목마다 다양하며 각 선물상품 별로 가격대에 맞는 호가의 크기는 표준화되어 있다. 여기에 계약 단위를 곱하면 최소 호가 단위의 1단위 변동 시 계약당 손익 변동 금액이 산출되며 이를 '1틱의 가치Tick value'라고 한다. 예를 들어 Emini S&P500지수선물의 1틱은 0.25포인트와 같은데, 1포인트의 가치가 50달러이므로 1틱의 가치는 12.50달러가 된다. 일반적으로 선물 투자 시 가격 변동에 따른 손익을 계산하는 방식은 틱을 이용해 정해진다.[25]

또한 '미결제 약정Open interst'이란 선물거래가 이루어진 후 반대 매매나 최종 결제가 이루어지지 않은 약정을 뜻한다. 상승 또는 하락 추세에서 해당 미결제 약정이 증가하면 현재의 추세를 지속시킬 자금의 유입으로 판단할 수 있으며, 반대로 미결제 약정이 감소하면 자금의 유출 및 추세의 전환이나 반전될 것을 예측할 수도 있다. 전체 미결제 약정 수량의 증가나 감소는 시장의 중요한 투자 지표로 사용된다.

마지막으로 현물 가격과 선물 가격 사이의 차이를 '베이시스basis'라고한다. 그리고 만기가 먼 선물 가격과 만기가 가까운 선물 가격 사이의 차이를 '스프레드spread'라고 부른다. 이들에 대해서는 잠시 후 자세히 설명하기로 하겠다.

---

25 [투자 손익=계약 수×{(전매도가−매수가) 또는 (매도가−환매수가)}/호가 단위×틱tick당 가치]. 예를 들어 코스닥 선물의 틱당 가치가 10,000원이고 호가 단위가 0.05p인 상황에서 선물 가격 100에 5계약을 매수해 102에 매도하였다면 투자 손익은 [5계약×{102−100}/0.05×10,000=2,000,000]이 된다.

선물거래의 기능

선물계약을 통한 선물 매입, 선물 매도 등의 중요한 기능은 선도거래와 같다. 다만 표준화로 인한 약간의 차이만 있기 때문에 간략히 설명하도록 하자.

우선 선물거래는 가격 변동 리스트를 줄이는 헤징 기능을 한다. 물론 선물거래 이용자들이 헤지거래, 투기거래, 차익거래, 스프레드거래 등 다양한 거래를 하지만 헤지거래가 선물거래 기능의 핵심이다. 현재 현물을 보유하고 있거나 장래에 보유할 예정인 투자자는 현물의 가격 변동에서 오는 위험을 회피하기 위해 선물시장을 이용한다. 현물의 가격 변동과 반대되는 손익구조를 지닌 선물 포지션을 취해 현물에서의 손실을 선물시장에서의 이익으로 상쇄시키는 효과를 노린다. 물론 가격 변동 상황에 따라 현물에서의 이익이 선물시장에서의 손실로 상쇄되는 일도 일어나지만, 어쨌든 현재 예상하는 수준에서 벗어난 가격 변동에 따른 위험은 없어진다.

다음으로 선물거래는 현물시장의 유동성 확대에 기여한다. 선물거래는 현물의 가격 변동 위험을 헤지할 수 있기 때문에 그만큼 현물 투자 위험이 감소되는 결과를 가져와 투자자들이 현물시장에서 보다 적극적으로 포지션을 취할 수 있게 된다. 이에 따라 신규 투자자들이 유입될 여지가 늘어난다.

아울러 선물거래는 장래의 가격 정보를 제공하는 기능을

한다. 선물시장에서 경쟁적으로 형성되는 선물 가격은 미래의 현물 가격에 대한 기댓값을 의미한다.

끝으로 선물거래는 새로운 투자 수단을 제공한다. 선물거래는 비교적 적은 비용으로 큰 금액의 거래를 할 수 있게 한다. 이 때문에 선물거래는 레버리지 효과가 높은 새로운 투자수단을 제공한다. 또한 선물과 현물 사이의 가격 차이를 이용한 차익arbitrage거래나 선물 사이의 가격 차이를 이용한 스프레드spread거래[26] 등의 새로운 투자 기회를 제공한다.

선물계약의 종류

일반적으로 선물거래의 대상 상품이 되기 위해서는 상품에 대한 가격이 시장의 수요와 공급에 따라 자유롭게 변경될 수 있어야 한다. 그리고 그 상품의 현물시장 규모도 충분히 커서 다수의 시장참여자가 존재해야 하며, 그 상품의 규격과 품질이

26　스프레드거래는 상당히 유사하게 움직이는 두 파생금융상품의 가격 차이 움직임을 이용해 이익을 내려는 거래다. 이러한 스프레드거래는 같은 방향으로 움직이는 두 개의 종목에 대해 서로 다른 포지션을 취하기 때문에 투기적 거래에 비해 위험이 적다. 선물 스프레드란 서로 다른 두 개의 선물상품 또는 결제월 종목 사이의 가격 차이를 말하며, 선물스프레드거래란 서로 다른 선물상품 또는 결제월 종목을 동시에 사고파는 거래를 뜻한다.

선물거래에 적합하도록 표준화될 수 있어야 한다.

기초자산에 따른 구분

기초자산이 금융상품인 금융선물financial futures로 한정하여 거래 대상에 따라 분류해 보면, 주요국의 통화를 대상으로 하는 통화선물currency futures, 금리에 의해 가격이 결정되는 장단기 채권을 기초자산으로 하는 금리선물interest rate futures, 개별 주식과 주가지수를 거래 대상으로 하는 주식 관련 선물stock-related futures이 포함된다.

첫째, 통화선물거래는 주로 환율 변동에서 오는 위험을 헤지하기 위해 이용된다. 특히 수출 및 수입기업들 또는 해외투자자들이 위험을 회피하기 위해 선물을 거래한다. 둘째, 금리선물거래는 채권선물거래를 포함하는데, 상품의 표준화 문제로 통화선물거래보다 늦게 출발하였으나 현재는 금융선물거래의 주류 중 하나로 자리를 잡았다. 1975년 시카고상품거래소CBOT에서 정부주택저당증서GNMA를 대상으로 처음 거래되었다. 셋째, 개별 주식선물은 특정 주식의 가격을 기준으로, 주가지수선물거래는 특정 주가지수를 기준으로 결정된 선물 가격지수에 따라 거래해 주가 변동 위험을 헤지할 수 있다. 1982년 캔사스시티상품거래소KCBT에서 처음 시작되었다.

한편 우리나라에서는 1996년 5월 국내 최초로 코스피200

선물이 상장되어 거래되기 시작한 이후 다양한 선물이 거래소에 상장되었다. 그중 일부는 성공적으로 정착하였으나 적지 않은 선물이 미미한 거래량으로 간신히 유지되거나 아예 폐지되기도 하였다.

현재 한국거래소에 상장되어 거래되는 선물은 가장 활발하게 거래되는 코스피200선물을 비롯해 코스피200선물 대비 거래 단위를 1/5로 축소한 미니코스피200선물, 기술주 중심의 코스닥시장 특성을 반영한 코스닥150선물, 코스피200지수 구성 종목을 산업군별로 재분류해 산출한 코스피200섹터지수선물, 코스피·코스닥시장 통합지수인 KRX300선물 등 다양하다. 금리선물로는 각각 3년, 5년, 10년 만기 국채선물이 있고 통화선물로는 각각 미국 달러화, 일본 엔화, 중국 위안화, 유로화에 대한 원화 환율을 거래하는 선물이 있다.

선물거래의 결제 방법

선물거래를 결제하는 방법은 거래 종료 시점에 따라, 또 현금·기초자산 수수방식收受方式에 따라 각각 두 가지로 나뉜다. 첫째, 선물거래 결제 방법에는 최종 결제일 이전에 거래를 끝내는 반대매매와 최종 결제일까지 보유해 정산하는 최종 결제가 있다. 일반적으로 최종 결제를 하는 경우는 드물며 대부분 반대매매를 통해 손익을 결정하는 방법으로 이루어진다. 둘째, 선물계약 만료 시 현금으로 결제하거나 기초자산을 실제로 인수도하는 방법이다. 거래소가 주로 대상 기초자산의 종류를 감안하여 결정한다.

반대매매와 최종 결제

반대매매는 최종 거래일 이전에 기존에 '매수'한 계약에 대해 동일한 종목과 수량을 '매도'하거나 또는 기존에 '매도'한 계약에 대해 동일한 종목과 수량을 '매수'하는 방법으로 이루어진다. 즉 기존에 롱 포지션이면 숏 포지션으로 상쇄시키고, 기존에 숏 포지션이면 롱 포지션으로 상쇄시켜 스퀘어 포지션을 만들면 선물거래에 의한 결제 의무에서 벗어나게 된다. 다만 차액 정산은 남게 되는데 이는 손익구조에서 설명하겠다.

한편 최종 결제는 해당 상품이 최종 거래일의 거래 시간 종료 전까지 반대매매가 이루어지지 않고 남아 있는 미결제 약정에 대해서 현금 결제 또는 대상 기초자산을 인수도하는 결제 방법을 말한다. 현금 결제와 인수도 결제의 구분은 선물의 종류, 투자자의 수요, 거래의 편의성, 거래의 관행 등을 감안해 거래소가 결정한다.

현금 결제와 인수도 결제

현금 결제는 계약 만료 시 거래 대상인 기초자산을 인수 또는 인도하지 않고, 최종 결제일에 거래소가 결정하는 최종 결제 가격을 이용해 차액을 정산한 후 현금을 수수해 계약을 종료하는 방법으로 주가지수선물, 주식선물, 국채선물, 금선물 등에 이용된다. 반면 인수도 결제는 계약 만료 시 기초자산을 실제로 인수 또는 인도하고, 그에 대한 결제 대금을 주고받아 계약을 종료하는 방법으로 미국 달러선물과 같은 통화 관련 선물에서 이용된다.

선물거래의 손익구조

다양하게 거래되는 선물 중 만기가 동일한 각 상품별로 롱 수요자들과 숏 수요자들의 주문 가격이 일치하는 점에서 선물의 실제 가격이 형성된다. 이러한 선물의 실제 가격은 이론 가격을 중심으로 다른 요인들의 영향을 반영해 형성된다. 그러므로 먼저 이론 가격이 어떻게 결정되는지 알아야 한다.

선물의 이론 가격

선물의 이론 가격은 현물 가격과의 관계에서 형성된다. '선물 가격은 현물 가격에 유지 비용carring cost을 더하여 구한다.'라고만 알고 있으면 충분하다. 이때 유지 비용은 기초 상품의 보관 비용에 기초 상품 매입에 따른 금융 비용을 더하고 여기에서 기초 상품으로부터의 현금 흐름을 차감해 산출한다. 유지 비용의 각 구성 항목은 선물의 기초 상품 종류에 따라 달라지는데, 크게 상품선물과 금융선물로 구분할 수 있다. 상품선물을 가지고 있으려면 보관 비용이 발생하고 현금 흐름 수익을 얻을 수 없는 반면, 금융선물은 보관 비용이 들지 않고 이자, 배당금 등의 현금 흐름 수익을 얻을 수 있다.

만일 현물 가격과 선물 가격 사이에 이러한 등호(=) 관계가 성립되지 않을 경우, 싼 것을 매입하면 그 가격이 올라가고 비싼 것을 매도하면 그 가격이 내려가서 가격이 같아지게 되는 현상이 순식간에 일어나기 때문에 무엇이 더 비싸거나 쌀 수 없게 되어 등호가 성립된다.

가장 간단한 선물인 금을 예로 들어 상품선물의 이론 가격에 대하여 설명해 보자. 투자자가 1년 후 금 1Kg을 확보하는 두 가지 방법을 생각할 수 있다. 첫째, 선물시장에서 1년 만기의 금선물을 매입하는 방법이다. 이때 선물의 매입 가격은 현재 거래되는 선물 가격이다. 둘째, 금을 현재 시점에서 매입해 1년간 보관하는 방법이다. 만일 현재 가격이 5만 원이라면 1년간 드는 비용은 매입 가격 5만 원과 매입할 때 쓴 돈 5만 원을 1년간 빌리는 비용인 이자와 금을 금고에 보관하는 비용을 합한 금액이다. 그런데 이론적으로 첫째 가격과 둘째 가격은 일치해야 한다[선물 이론 가격=기초자산 매입 금액+기초자산 매입 금액의 이자 비용+보관료].

이제 우리의 관심인 금융선물의 이론 가격으로 생각을 좁혀 보자. 금융선물의 경우에는 기초자산을 보관할 때 발생하는 비용이 들지 않는 반면, 기초자산을 보유함으로써 이자와 배당 등의 수입이 발생한다는 점은 앞에서 설명하였다. 그러므로 금융선물은 [선물 가격=현물 가격−증권 보유에 따른 수입+기초자산 매입 금액의 이자 비용]이라는 관계가 성립한다. 이를 굳이 주식, 채권, 통화선물로 나누어 보면, 주식선물 또는 주가지수선물의 경우 [주식선물 가격=현물주식 가격+현물주식 매입 금액의 이자 비용−주식의 배당 수입], 채권선물의 경우 [채권선물 가격=현물채권 가격+현물채권 매입 금액의 이자 비용−채권의 표면이자 수입]으로 나타낼 수 있다. 한편 통화선물의 경우 [통화선물 가격=현물통화 가격+외화 매입을 위해 조달한 원화 금액에 대한 이자 비용−매입한 외화의 이자 수입]으로 나타낼 수 있다.

선물 가격의 형성

시장에서 거래되는 금융선물 가격이 적정 가격인 이론 가

격으로 형성되는 경우는 극히 드물다. 이론적으로 현물 가격
보다 선물 가격이, 근원물 가격보다는 원월물 가격이 높아야
하는 시장이지만 오히려 가격이 반대로 형성되는 경우가 있
다. 이는 주로 현물의 수급 상황에 그 원인이 있다. 예를 들어
선물 가격은 정상적이라고 할 수 있는데, 현물 가격이 일시적
인 수급 변화에 따라 현물 가격과 선물 가격 사이의 이론적 균
형 관계가 성립하지 않게 된다. 물론 선물 가격도 수급 상황에
따라 일시적으로 균형을 깨뜨리는 요인이 되기도 한다.

현−선물 패리티: 베이시스=콘탱고 또는 백워데이션

앞에서 선물 가격과 현물 가격의 차이를 '베이시스'라고 하
였다. 선물의 이론 가격은 현물 가격에 이자 비용과 보유 비
용(보관 비용−기초자산 보유에 따른 수입)을 더해서 구한다. 이러
한 현물 가격과 선물 가격 사이의 관계를 '현−선물 패리티'라
고 말한다. 패리티parity는 동등하다는 의미를 가지고 있다. 일
반적으로 상품선물의 경우 기초자산 보유에 따른 수입이 없
기 때문에 선물 가격은 현물 가격보다 높다. 이와 같은 현상을
'콘탱고contango'라고 부른다. 그러므로 일반적으로 선물의 만
기가 장기일수록, 즉 1개월 선물에서 2개월 선물, 3개월 선물
로 갈수록, 스프레드의 폭이 커진다. 그러나 일시적인 수급 문
제로 현물 가격이 선물 가격보다 높은 현상이 일어날 수도 있

는데 이를 '백워데이션backwardation'이라고 한다. 일시적인 수급 불안정 요인이 사라지면 백워데이션은 다시 콘탱고로 복귀한다. 그러면 금융선물의 가격은 평소 콘탱고를 나타낼까? 아니면 백워데이션을 나타낼까?

금융선물은 보관 비용이 발생하지 않고 오히려 주식선물이 배당 수입, 채권선물은 이자 수입이 발생한다. 그런데 대체로 배당 수입과 이자 수입은 선물을 매입하기 위해 조달한 자금의 단기금리보다 크다. 그렇기 때문에 금융선물의 경우 현물 가격이 선물 가격보다 높은 백워데이션backwardation 현상이 나타난다.

이러한 베이시스는 다음과 같은 특징이 있다. 우선 이론 베이시스와 실제 베이시스 사이에 차이가 존재한다. 이론적으로 베이시스는 보유 비용만큼 차이가 나지만, 실제 베이시스는 이론 베이시스의 차이뿐 아니라 만기 때의 수급 불균형에 의한 예측의 영향을 받는다[실제 베이시스=이론 베이시스+투자자들의 예측치]. 다음으로 베이시스는 만기일이 가까워올수록 제로(0)에 수렴한다. 만기일이 되면 선물 가격과 현물 가격이 일치하기 때문에 선물 가격과 현물 가격의 차이인 베이시스가 제로가 되는 것은 당연하다.

선물의 손익구조

선물거래의 손익구조는 계약 만기 때 최종 결제가 이루어지는 경우와 만기 이전에 반대매매를 통해 청산·결제가 이루어지는 경우가 상이하다. 우선 최종 결제 방법의 경우를 보면, 선물 계약자는 최종 거래일에 현물 가격에 관계없이 선물 가격으로 기초자산을 인수하거나 인도해야 하는 의무를 지기 때문에 선물 손익은 청산일의 현물 가격이 체결일의 선물 가격보다 얼마나 상승하는지 혹은 하락하는지에 따라 결정된다. 그러므로 선물거래는 만기일에 기초자산 가격이 얼마나 될지를 예측하는 게임이라고 말할 수 있다. 기초자산 가격이 계약 시점보다 상승할 것이라고 예상하면 선물 롱을, 기초자산의 가격이 하락할 것이라고 예상하면 선물 숏을 잡으면 선물 투자에서 수익을 낼 수 있다.

다음 그래프에서 x축은 만기 때의 기초자산 가격(S)로 표시되면서 오른쪽으로 갈수록 가격 상승을, 왼쪽으로 갈수록 가격 하락을 나타낸다. y축은 선물거래의 손익을 나타내는 금액이다. 지정 가격(X)은 만기일에 거래하기로 약속한 선물 가격이다. 만기 때의 선물거래로 인한 손익은 만기 때의 기초자산 가격(S)과 지정 가격(X)과의 차이에 의해 산정된다. 즉 롱 포지션일 때는 만기 때의 기초자산 가격이 오를수록 이익이 늘어나며(P=S-X), 숏 포지션일 때는 만기 때의 기초자산 가격이 떨어질수록 이익이 늘어난다(P=S-X).

다음으로 만기 이전에 반대매매를 통해 결제가 이루어지는 경우에는 매수 가격과 매도 가격의 차이로 손익이 결정된다. 여기서 손익구조를 더 설명하면, 해당 선물을 매수한 경우에는 매수한 가격(롱거래 시 가격)에서 매도한 가격(숏거래 시 가격)을 차감해 산출된다. 반면에 매도한 경우에는 매도한 가격(숏거래 시 가격)에서 매수한 가격(롱거래 시 가격)을 차감한다.

여기서 두 가지 예를 들어보자. 먼저 외환선물 매수자의 경우 4월 11일에 만기가 8월 20일인 미국 달러화 선물상품을 1,350원에 매수한 후, 만기 이전인 5월 20일에 해당 선물상품을 1,365원에 매도(즉 반대매매)해 선물 포지션을 청산하는 경우의 손익은 [매도 가격(1,365원)-매수 가격(1,350원)=15원

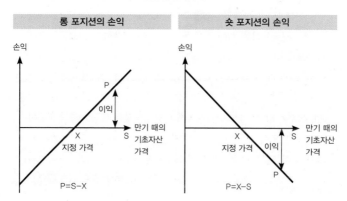

선물의 손익구조

| 롱 포지션의 손익 | 숏 포지션의 손익 |

이익(1달러당)]으로 산정된다. 한편 주식선물 매도자의 경우 4월 11일에 만기가 6월 18일인 현대자동차 주식 선물상품을 180,000원에 매도한 후, 만기 이전인 5월 20일에 해당 선물상품을 185,000원 매수(즉 반대매매)해 선물 포지션을 청산하는 경우의 손익은 [매도 가격(180,000원)−매수 가격(185,000원)= 5,000원 손실(1주당)]로 결정된다.

공매도와 선물의 손익구조

앞에서 설명하였던 공매도空賣渡, Short selling에 대해 다시 생각해 보자. '없는 것을 판다(공매도空賣)'라는 뜻의 공매도는 어떤 재화를 빌려서 팔아 현재 가격만큼의 돈을 받고, 나중에 빌린 재화만큼 같은 수량의 재화를 갚음으로써 차익을 남기는 투자 기법이라는 사실을 알고 있다. 이렇게 공매도를 하는 목적은 향후 가격이 현시점의 가격보다 떨어질 것이라고 예상하기 때문이다. 예상대로 가격이 내려가면 이익을 내는 반면, 현재 가격보다 가격이 오르면 손실을 입게 된다. 이러한 공매도는 주식, 채권, 외환, 파생금융상품, 식품, 석유 등 재화거래가 이루어지는 모든 시장에서 가능하다.

그런데 이러한 공매도에는 부정적 인식이 존재한다. 주식을 매수하면 투자라고 하지만 주식을 매도하면 옳지 못한 일처럼 생각하는 경향이 있다. 이러한 생각의 밑바탕에는 주가가 오르면 좋은 일이고 주가가 떨어지면 나쁜 일이라는 전제가 깔려 있다. 더욱이 공매도는 주식이 없는 사람들이 주식을 빌려 와서 파는 일이기 때문에 일반 사람들이 더 부정적으로 생각한다. 만일 그렇다면 은행이나 증권사로부터 돈을 빌려서 주식에 투자하는 사람들도 같은 문제를 지적받을 수 있다. 자기 돈 없이 투자하고 있으니 말이다. 또한 선물시장을 통해서 즉 선물 숏을 이용하여 공매도와 동일한 효과를 낼 수 있다. 이런 점들을 고려할 때 공매도에 대한 일반의 인식이 좋지 않은 까닭은 수수께끼다.

선물시장의 조직과 운영

앞에서 선물거래에는 상품의 표준화, 거래의 조직구조, 거래 이행을 보증할 수 있는 제도적 특징이 있다고 이야기하였다. 먼저 선물거래를 성립시키기 위한 조직에 대해 살펴보면 크게 거래소exchange, 청산소clearing house, 중개회사futures commission merchant로 나뉜다.

첫째, 선물계약은 지정된 거래소 내에서 거래된다. 거래소는 선물계약을 거래할 수 있도록 물리적인 장소와 설비를 제공하기 위해 비영리 조직으로 운영된다. 거래소는 엄격한 회원제로 운영되며 회원은 대부분 선물중개업을 영위하는 중개회사로 구성된다.

둘째, 청산소는 거래소의 부속기관 또는 독립된 조직으로 설립되어 거래소에서 행해진 선물계약의 이행을 보증하고 청산의 책임을 진다. 청산소는 거래를 공정하고 신속하게 관리할 목적으로 비영리 회원 조직으로 운영된다.

셋째, 중개회사는 투자자들의 주문을 받아 이들을 대신해 선물상품의 거래를 수행한다. 고객(투자자)에게 유리하도록 주문하며 고객을 대신해 청산 및 계좌를 관리하고 정보를 제공한다.

거래소는 주식선물을 만기별로 여러 종류를 동시에 제공하고 있지만 최근 월물만 주로 거래된다. 다른 원월물은 거래 규모가 작아 시장에 미치는 영향이 미비하다. 따라서 선물을 거래하고 싶은 사람들은 원할 때 매입하고 매도할 수 있는 유동성이 가장 큰 최근 월물에만 거래를 집중할 수밖에 없다.

선물거래의 결제 이행을 보증할 수 있는 제도

선물거래제도는 선도거래와는 달리 결제 불이행 위험default risk을 줄이는 제도적 장치를 마련하고 있다. 거래에 참여하는 당사자들은 증거금margin제도, 일일정산daily marking to market 또는 daily resettlement제도, 청산소clearing house제도를 통해 거래의 안전성을 확보할 수 있다.

① 증거금제도

먼저 증거금제도의 증거금은 선물을 매입하거나 매도해 선물 포지션을 개설할 때 반드시 예치해야 하는 계약당 금액을 말한다. 이 금액이 납부되어야 가격이 하락할 때 손실을 입게 되는 선물 매수자의 계약 위반 가능성을 예방하여 매도자를 보호 할 수 있다. 반대로 가격이 상승할 때 손실을 입게 되는 선물 매도자의 계약 위반 가능성을 방지하여 매수자를 보호할 수 있다. 이는 모든 선물거래 참가자들이 계약을 성실히 이행하겠다고 선물거래 중개회사에 납부하는 신용의 표시다. 즉 선물의 가격 변동에 따른 자금 결제를 성실히 이행하겠다는 담보의 성격을 가진다.

증거금은 위탁증거금customer's margin과 매매증거금clearing margin으로 구분된다. 위탁증거금은 거래소의 중개회사와 고객 사이의 증거금을 말하며, 매매증거금은 청산소와 거래소의 중재회사 사이의 증거금을 말한다.

위탁증거금은 고객이 중개회사에 납부하는 개시증거금initial margin과 유지증거금maintenance margin으로 구분된다. 개시증거금은 고객이 새로운 선물계약을 매수 또는 매도할 때 매입자 또는 매도자가 모두 납부하는 증거금이고, 유지증거금은 고객이 자신의 선물 미결제 약정을 유지하는 데 필요한 최소한의 증거금이다. 만일 고객의 증거금 잔액이 유지증거금 이하로 떨어지면 중개회사는 고객에게 증거금을 당초의 개시증거금 수준까지 보충하도록 요구한다.

다음으로 매매증거금은 중개회사가 자신 또는 고객의 미결

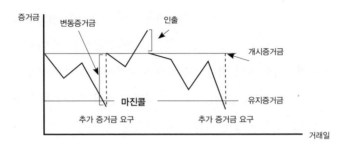

위탁증거금의 운영

제 약정을 성실하게 결제하겠다는 증거로 정산소에 납부하는 금액이다. 중개회사가 고객에 받은 위탁증거금의 일부를 거래소에 납부하는 것이 일반적이다.[27]

② 일일정산제도

일일정산이 원만하게 이루어지려면 선물거래 당사자들이 매일 현금을 보내고 받는 일을 해야 한다. 이는 귀찮기도 하거니와 손실이 나서 현금을 지급해야 하는 측이 거부할 가능성도 있지 않을까?

일일정산제도는 선물 가격 변화에 따른 손실을 언제든지 충분히 보전할 수 있는 증거금이 항상 유지될 수 있도록 확인하

---

27 현재 우리나라는 위탁증거금의 2/3를 매매증거금으로 납부하도록 하고 있다.

는 제도다. 고객의 미결제 약정을 매일 최종 가격(정산 가격)으로 재평가해 선물거래 손익을 당일 중 고객의 증거금에 가감해 증거금이 결제 이행을 보증할 수 있는 최소한의 수준 이상 유지되도록 한다.

③ 청산소제도

선물거래는 거래소를 통해 상대방도 모르는 상태에서 이루어지기 때문에 독립된 결제기관이 모든 거래자의 결제를 보증할 필요가 있는데, 이를 담당하는 결제기관을 청산소라고 한다. 청산소는 선물시장에서 이루어지는 모든 거래를 등록하며 등록된 각 거래의 법적 상대방이 되어 매도자와 매수자 사이의 계약 관계를 매도자와 정산소, 매수자와 정산소로 바꾸어 결제 이행을 보증한다.

선물거래와 선도거래

지금까지 선도거래에 이어 선물거래에 대해 살펴보았다. 이제 선도거래와 선물거래를 비교해 정리해 보자. 비슷한 종류의 개념들은 비교를 통해 명확해진다.

선물거래와 선도거래의 차이

	선물거래	선도거래
계약 방법	공개 경쟁 매매방식	거래 당사자가 직접 계약
경제적 기능	연속적 헤징 기능	불연속적 헤징 기능
시장 형태	조직화된 거래소	장외거래
시장 성격	완전 경쟁시장	불완전 경쟁시장
시장참가자	제한 없음	실수요자 중심
가격 형성	매일 실시간 형성 매입, 매도 가격 동시 고지	단 한 번, 계약할 때 특정 가격 형성
거래 조건	표준화	당사자 계약 조건에 따름
계약 이행	대부분 실물 인도 없이 반대거래로 이루어짐	대부분 실물 인도로 이루어짐
이행 보증	결제회사가 보증	거래 당사자의 신용도에 좌우
증거금	개시증거금을 납부하고 계약 이행 이전까지 유지 증거금 이상을 유지	거래할 때 필요에 따라 징수(딜러 또는 브로커가 고객별 신용 한도를 정하거나 담보금 예치를 요구)
가격 변동 제한	일일 최대 변동 폭을 제한	제한 없음

05

권리와 의무
: 옵션

* 옵션 공급자는 의무를 부담하고 권리를 판다. 대신에 수수료인 프리미엄을 받는다. 옵션 수요자는 아무런 의무도 부담하지 않는 권리를 산다. 대신에 프리미엄을 지급한다.

옵션의 개념

옵션options의 구조를 어떻게 간단하고 명료하게 설명할 수 있을까? 옵션은 쉽게 말해 보험상품과 비슷하다. 옵션 매도자는 보험회사로서 보험료를 받는 대신 위험이 발생하면 손실액을 보상해 준다. 반대로 옵션 매수자는 보험 가입자로서 보험료를 내는 대신 위험이 발생하면 손실액을 보상받는다. 다시 말해 옵션 매도자는 위험을 보상해야만 하는 의무가 있는 반면, 옵션 매수자는 위험을 보상받을 권리가 있다.[28]

개인은 주로 옵션을 매입하고 매도하지 않는다. 위험하기도 하거니와 증거금 부담도 크기 때문이다.[29] 대규모 금융회사가 주로 옵션을 매도한다. 옵션 매도자는 경우에 따라 무한대의 위험을 부담하기 때문이다. 쉽게 자동차보험을 생각해 보면, 개인은 보험료를 소액 지급하지만 자동차 사고가 나면

---

28 옵션 매수자가 옵션 매도자에게 지급하는 옵션 가격을 '옵션 프리미엄option premium'이라고 하며, 보험 가입자가 보험회사에 지급하는 보험료도 '인슈런스 프리미엄insurance premium'이라고 한다.

29 옵션거래 시 옵션 매도자는 증거금을 납부하는 반면, 옵션 매수자는 의무 사항이 없기 때문에 증거금을 납부하지 않는다. 현재 옵션 매도자의 증거금 규모는 동일한 기초 상품을 갖는 선물거래 증거금과 동일하게 운영되고 있다. 예를 들어 코스피200옵션 매도자의 증거금 규모는 코스피200선물 거래자(매수자 및 매도자)의 증거금과 동일하다.

보험회사는 큰 금액의 보험금을 지급하여야 한다.

옵션과 선물의 비교

이러한 옵션의 특성을 선물과 비교해 설명하면 그 특징을 이해하기 쉽다. 선물계약은 매입 측과 매도 측, 쌍방이 계약 이행의 의무를 규정하는 반면, 옵션계약은 매수자가 유리하면 계약을 이행하고 그렇지 않으면 계약을 이행하지 않을 권리를 규정한다. 매도자는 매수자의 권리 행사에 대응해 계약을 이행해야 하는 의무만 진다. 하지만 세상에 공짜는 없는 법이다. 권리만 있는 옵션 매수자는 의무만 지는 옵션 매도자에게 '옵션 프리미엄'이라는 대가를 지급한다.

한편 옵션은 선물보다 레버리지가 더 크게 걸려 있다. 이는 옵션을 거래하기 위한 증거금 비율의 문제라기보다 내재된 레버리지의 효과가 더 크기 때문이다.[30] 레버리지는 양날의 검과 같다. 옵션 매도자의 경우 가격 변동이 전망한 대로 이루어지면 짧은 시간에 다수의 옵션 매수자로부터 프리미엄을 모아 큰 이익을 얻을 수 있지만, 반대로 잘못 전망하면 빈털터리가 되고 만다.

30　옵션 매수자는 경우에 따라 아주 작은 옵션 프리미엄을 지급하고 거액의 이익을 실현할 수 있다.

옵션의 권리 행사와 의무

이제 옵션의 구조에 대해 알아보자. 옵션은 아무 때나 권리를 행사할 수 없으며 일정 시점 또는 일정 기간에만 행사할 수 있다. 이때 권리 행사를 위해 지정된 날짜를 '만기일expiration date'이라고 하고[31] 권리를 행사하기로 약정한 가격을 '행사가격exercise price or striking price'이라고 한다. 이러한 권리는 만기일이 도래하였을 때 옵션 매수자의 의사에 따라 행사될 수도 있고 행사되지 않을 수도 있다. 반드시 무엇을 해야 한다면 권리가 아니라 의무이다. 반면 옵션 매도자는 옵션 매수자가 권리를 행사하면 반드시 이를 받아주어야 할 의무를 지지만 만기일에도 옵션 매수자가 권리를 행사하지 않으면 옵션 매도자의 의무는 소멸된다.

옵션거래의 기능

옵션은 다양한 투자 수단을 제공하는 데 널리 활용된다. 전통적인 금융상품인 주식, 채권 등과 결합하거나 선물 또는 또 다른 옵션과 결합하여 다양한 형태의 수익구조를 갖춘 투자 수단을 만드는 데 사용되고 있다. 따라서 투자자들은 각자의

31　유럽식 옵션은 만기일에만 권리 행사가 가능하며 미국식 옵션은 옵션 매입 후 만기일까지 일정 기간 권리 행사가 가능하다. 구체적인 내용은 뒤에 설명하였다.

위험에 대한 선호나 향후 가격 변화에 대한 예상, 자신의 자금 사정이나 투자 목적에 따라 적합한 투자 전략을 여러 가지로 구사할 수 있다.

또한 선물거래의 주요 기능이 헤징이듯이 옵션도 불확실한 미래 가격 변동에 따른 위험을 헤징하는 수단으로 활용된다. 그러나 헤징을 위해 선물과 옵션을 이용하는 방법에는 근본적인 차이가 있다. 선물거래가 헤징으로 거래할 기초자산의 가격을 고정시켜 위험을 제거하는 반면, 옵션거래는 미래에 가격이 불리한 방향으로 움직이는 것에 대비한 보호 수단을 제공하며 가격이 유리한 방향으로 움직일 때는 이익을 취할 수 있게 한다.

한편 선물시장과 마찬가지로 옵션시장에도 투기거래가 존재한다. 옵션의 거래 비용은 옵션 매수자의 경우 옵션 프리미엄에 한정되기 때문에 옵션에 투자할 때에는 적은 투자 비용으로 인해 레버리지가 매우 높은 투자 손익이 발생할 수 있다.

옵션의 종류

옵션은 권리·의무의 종류에 따라 콜옵션과 풋옵션으로 구분되고 행사 시점에 따라 유럽식 옵션과 미국식 옵션으로 구분된다. 또한 기초자산의 종류에 따라 다양하게 구분된다.

콜옵션과 풋옵션

우선 권리가 주어지는 매수자의 입장에서 어떠한 권리를 갖느냐에 따라 구분할 수 있다. 이는 의무를 부담하는 매도자의 측면에서 어떠한 의무를 지느냐에 따라 구분하는 것과 같다. 권리–의무와 관련해 옵션은 상반된 두 가지 상품으로 구분된다.

먼저 옵션 매수자는 계약에서 미리 정하는 바에 따라 일정 가격에 사는 권리를 가지는데, 이를 '콜옵션call option'이라고 한다. 또한 옵션 매수자는 일정 가격에 파는 권리를 가질 수도 있는데, 이를 '풋옵션put option'이라고 한다.

이들 옵션의 권리 행사를 주식옵션[32]의 예를 통해 알아보자. 만기일이 도래하였을 때 옵션 소유자의 의사에 따라 권리가 행사될 수도 있고 행사되지 않을 수도 있다. 그럼 언제 권리가 행사될까? 답은 오직 하나, 옵션 소유자가 유리할 때 행사하고 불리할 때 행사하지 않는다.

콜옵션은 만기일이 도래하였을 때 정해진 주식의 시장가격이 행사가격보다 낮으면 쓸데없이 콜옵션을 행사해 행사가격

32　여기서는 상대적으로 간단한 유럽식 옵션을 기준으로 설명한다.

을 주고 그 주식을 사기보다 시장에서 직접 사는 편이 유리하기 때문에 행사하지 않는다. 반면 주식의 시장가격이 행사가격보다 높으면 콜옵션을 행사해 행사가격을 주고 그 주식을 사는 편이 시장에서 직접 사는 것보다 유리하기 때문에 옵션을 행사한다. 이때 옵션을 행사해 얻을 수 있는 이익을 내재가치intrinsic value 또는 행사가치exercise value라고 한다.

한편 풋옵션은 정해진 주식을 팔 수 있는 권리인데, 만기일이 도래하였을 때 주식의 시장가격이 행사가격보다 낮으면, 권리를 행사해 시장가격보다 비싼 가격으로 주식을 팔 수 있다. 반대로 시장가격이 행사가격보다 높으면 시장에서 파는 편이 유리하기 때문에 풋옵션은 행사하지 않을 것이다.

여기서 옵션을 행사해 이익을 얻을 수 있는 상태, 즉 내재가치가 있는 상태를 인더머니In-the-Money라고 하고 내재가치가 존재하지 않는 상태를 아웃오브더머니Out-of-the-Money라고 한다. 그리고 현재 주가가 행사가격과 같아서 아무 이익을 얻지 못하는 경우를 앳더머니At-the-Money라고 하며 현재의 주가가 행사가격 부근에 있을 때를 니어더머니Near-the-Money라고 한다. 이와 같이 옵션은 만기일에 기초자산의 시장가격에 따라 행사 여부가 결정되는 조건부 청구권contingent claim이라고 할 수 있다.

유럽식 옵션과 미국식 옵션

옵션은 권리 행사를 할 수 있는 시기에 따라 유럽식 옵션 European option과 미국식 옵션American option으로 구분한다. 유럽식 옵션은 옵션 만기일에만 권리를 행사할 수 있는 형태인 반면, 미국식 옵션은 옵션 만기일이 될 때까지 언제라도 권리를 행사할 수 있는 형태다. 즉 유럽식 옵션은 특정 시점에서만 행사할 수 있고 미국식 옵션은 특정 기간 중 언제든지 행사할 수 있다. 이 때문에 미국식 옵션이 옵션 매수자의 입장에서는 유리한 반면, 옵션 매도자 입장에서는 불리할 수밖에 없다. 따라서 다른 조건이 같다면 미국식 옵션이 유럽식 옵션보다 더 비싼 프리미엄을 받고 판매된다.

한편 미국식 옵션과 유럽식 옵션을 혼합한 버뮤다식 옵션 Bermudan option도 있다. 버뮤다식 옵션에는 권리를 행사할 수 있는 시점이 몇 개의 날짜로 미리 정해져 있다. 또한 아시아식 옵션Asian option도 있는데, 아시아식 옵션의 가장 초보적인 형태인 바닐라 옵션Vanilla option은 행사가격이나 만기 가격을 하나로 정하지 않고 미리 정한 기간 동안 관찰된 가격의 평균을 이용한다.

기초자산에 따른 구분

옵션은 권리와 의무 대상이 되는 기초자산에 따라 구분할 수도 있다. 개별 주식을 기초자산으로 하는 주식옵션stock option, 주가지수를 기초자산으로 하는 주가지수옵션stock index option, 주요국의 통화를 기초자산으로 하는 통화옵션currency option, 금리 변동과 연계되는 금융상품이 기초자산이 되는 금리옵션interest rate option, 현물을 기초자산으로 하는 현물옵션options on spot, 선물계약 자체를 기초자산으로 하는 선물옵션options on futures 등이 있다.

한국거래소에 상장되어 활발하게 거래되는 상품으로는 코스피200옵션, 미니코스피200옵션, 개별 주식옵션, 미국 달러옵션 등이 있다. 이 중 주요한 옵션에 대한 설명을 추가해 보자. 지수옵션index option은 주가지수에 기초를 둔 옵션을 말한다. 일반적으로 주식옵션의 만기일에 실제로 주식이 교환되는 경우는 흔하지 않다. 대신 옵션 발행자가 옵션 보유자에게 주식의 시장가격과 행사가격의 차이만큼 현금으로 지불한다. 지수옵션의 거래 단위는 주식의 수가 아니라 지수에 일정한 승수multiplier를 곱한 것이 된다. 외화옵션foreign currency option은 특정 통화를 일정한 가격에 사거나 팔 수 있는 권리가 있다. 외화옵션거래는 거래소에 상장되어 거래되기도 하고 장외시장을 통해 개별적으로 거래되기도 한다. 금리옵션interest rate option은 이자율 변화에 따른 위험을 줄이기 위해 채권을 기초로 발행된 옵션을 말한다.

옵션거래의 결제 방법

옵션 매수자는 권리를 가지고 있기 때문에 권리를 행사할지, 권리를 포기할지 혹은 권리를 반대매매할지 등 세 가지 방법을 통해 결제할 수 있다. 반면 옵션 매도자는 권리 없이 의무만 지기 때문에 스스로 결정할 수 있는 결제 방법을 한 가지밖에 가지지 못한다.

옵션 매수자의 결제

첫째, 옵션 매수자가 권리를 행사하게 되면 옵션 매수자와 옵션 매도자 사이에 대상 자산의 거래가 이루어지고 옵션거래에 따른 권리와 의무 관계는 종료된다. 한국거래소에서 거래되는 코스피200옵션, 개별 주식옵션, 미국 달러옵션 등은 현금 결제로 이루어진다.

둘째, 옵션 매수자는 만기일 전에 기존에 매수 또는 매도한 계약과 동일한 종목의 동일한 수량을 매도 또는 매수해 옵션거래를 청산할 수 있다. 이를 반대매매라고 한다. 매수한 종목의 반대매매를 전매도, 매도한 종목의 반대매매를 환매수라고 한다. 옵션거래에서는 만기일에 권리를 행사하는 것보다 만기일 이전에 반대매매를 통해 손익을 결정하는 방법이 일반적이다.

셋째, 만기일까지 옵션 매수자가 권리를 행사하거나 반대매매를 하지 않은 경우 만기일이 지나면 권리가 소멸된다. 이를 권리 포기라고 한다. 옵션 매수 후 만기까지 정해진 기간 동안에 옵션 매수자가 권리를 행사할 수 있는 기회가 오지 않았기 때문이다. 옵션 매수자 입장에서 보면 권리를 포기한 것이지만 옵션 매도자의 입장에서 보면 의무에서 벗어나는 것이다.

옵션 매도자의 결제

옵션 매도자가 스스로 의무를 청산하는 방법은 반대매매밖에 없다. 옵션 매도자가 의무를 청산하는 다른 방법에는 옵션 매수자가 권리를 행사해 옵션 매도자가 의무를 수행하거나, 기한 만료로 옵션 매수자가 권리 행사를 포기해 옵션 매도자의 의무가 자연히 소멸되는 경우가 있지만 이는 옵션 매도자가 결정할 수 없다.

옵션거래의 손익구조

앞서 옵션의 권리 행사와 의무를 이야기하면서 옵션의 손익구조를 설명하였다. 옵션을 이해하기 위해서는 손익구조가 매우 중요하기 때문에 반복하면서 상세한 내용을 덧붙여 보자.

옵션의 시장가격이란 현재 시장에서 거래되고 있는 옵션상품의 거래 가격을 말한다. 옵션의 시장가격은 기초자산의 현재 가격, 옵션의 만기와 행사가격, 무위험 이자율 등의 조건을 반영해 결국은 수요와 공급에 의해 결정되어 변동한다. 반면 옵션의 행사가격은 콜옵션의 경우 옵션 매수자가 권리를 행사해 기초자산을 살 수 있는 가격 또는 풋옵션의 경우 옵션 매입자가 권리를 행사해 팔 수 있는 기초자산의 가격을 말한다. 콜옵션 매수자는 기초자산의 행사가격이 시장가격보다 싸면 매수 권한을 행사하며, 풋옵션 매수자는 기초자산의 행사가격이 시장가격보다 비싸면 매도 권한을 행사한다고 이미 설명하였다.

여기서 추가로 옵션 매입 가격을 고려해 보자. 이를 옵션 프리미엄이라고 하는데 옵션을 구입하기 위한 수수료라고 볼 수 있지만 거래되는 '옵션의 매매 가격'이 더 적확한 표현이다. 당초 콜옵션을 매입한 투자자는 기초자산 가격이 오를 것을 상정하고 이를 대비하기 위해 옵션 가격을 지불하고 매입하였다. 그렇기 때문에 만기 시점 기초자산의 시장가격이 행사가격에 콜옵션 프리미엄을 가산한 가격인 손익분기점 이상으로 올라야 이익이 발생한다.[33] 만일 옵션의 권리를 행사하지 않

---

33 만기 시점에만 권리를 행사할 수 있는 유럽식 옵션을 전제로 하였다. 콜옵션 매도자의 경우는 반대로 만기 시점 기초자산 가격이 매입자의 손익분기점 이하면 이익이 발생한다.

고 지나가면 옵션 매입할 때 지급한 수수료(옵션 프리미엄)만큼 손실을 입게 된다. 마치 보험에 가입한 후 보험료만 지불하고 만기까지 사고나 재난이 일어나지 않아 보험금을 받지 않는 경우가 많다는 점을 생각하면 이해하기 쉽다. 그리고 풋옵션은 콜옵션과 반대로 기초자산의 시장가격이 내려갈 것으로 상정하고 옵션을 사기 때문에 기초자산의 시장가격이 행사가격에서 옵션 매입 가격을 차감한 금액보다 더 떨어져야 이익을 본다.

지금까지의 이야기를 그래프로 다시 설명해 보자. x축은 만기 때의 기초자산의 가격이다. 오른쪽으로 갈수록 가격이 높아진다. y축은 옵션거래의 손익을 나타낸다. x축 위는 이익, 아래는 손실을 보여 준다. 다음 그림은 행사가격이 환율 1,000원/달러이고 옵션 매입 비용이 20원인 외환옵션의 예

콜옵션과 풋옵션의 손익구조

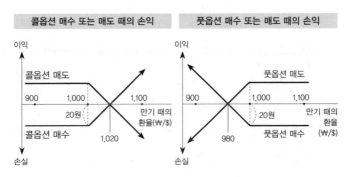

| 콜옵션 매수 또는 매도 때의 손익 | 풋옵션 매수 또는 매도 때의 손익 |

이다.

먼저 앞의 왼쪽 그래프에서 콜옵션 매수를 보면, 달러 가격이 1,000원/달러를 넘어가면 옵션을 행사한다. 예를 들어 시장에서 1,001원/달러로 사는 것보다 옵션을 행사해 1,000원/달러로 사는 편이 더 싸기 때문이다. 물론 이때는 전체적으로 이익이 남지 않는다. 처음에 콜옵션 매수 비용으로 20원을 지급하였기 때문에 1원 이익(1,001원-1,000원)에서 매수 비용 20원을 빼면 19원의 손실이 발생한다. 물론 콜옵션을 행사할지 결정해야 하는 시점의 환율이 1,000원/달러 이하이면 옵션을 행사하지 않기 때문에 옵션 매수 비용 20원만큼 손실이니 그보다는 낫다. 그러나 달러 현물 가격이 1,020원을 넘어가는 수준부터는 이익이 발생한다. 예를 들어 1,100원/달러가 되면 100원 이익(1,100원-1,000원)에서 매수 비용 20원을 빼면 80원의 순이익이 생긴다. 만약 환율이 그 이상으로 오른다면 엄청난 이익을 볼 수 있다.

이제 콜옵션 매도자의 입장에서 손익구조를 보면, 환율이 1,000원/달러 이하라면 옵션 매수자가 옵션을 행사하지 않기 때문에 옵션 매수 비용 20원만큼 무조건 이익이다. 그리고 환율이 올라 1,020원/달러까지 도달해 옵션 매수자가 옵션을 행사하더라도 옵션 매수 비용 20원을 초과하지 않기 때문에 손실이 발생하지 않고 이익이다. 그러나 시장의 달러 가격이

1,020원/달러를 넘어서면 손실 규모가 옵션 매도 수입 20원을 넘어서서 순손실이 발생한다. 이때 각 경우의 옵션 매수자 손익과 옵션 매도자 손익을 더하면, 즉 두 그래프를 합성하면 전체 손익은 제로(0)가 된다.

이제 오른쪽 그래프에서 풋옵션의 예를 살펴보자. 먼저 풋옵션 매수자는 달러를 팔 수 있는 권리를 가지지만 옵션 행사일에 시장가격이 행사가격인 1,000원/달러를 넘어서면 굳이 옵션을 행사할 필요가 없다. 왜냐하면 시장에서 팔면 그 이상의 가격을 받을 수 있기 때문이다. 그러면 당초 구입한 풋옵션 매수 비용인 20원만큼의 손실을 본다. 반면 시장가격이 행사가격인 1,000원/달러보다 아래에서 형성되면 권리를 행사해 1,000원/달러로 팔게 된다. 물론 풋옵션 매수 비용을 고려하면 980원/달러까지는 부분적으로 손실을 입겠지만 시장가격이 980원/달러 미만으로 내려가면 이익이다. 이 경우 풋옵션 매도자가 풋옵션 매수자와 반대의 손익을 보게 되는데, 이는 콜옵션의 경우와 같다.

옵션의 가격 결정 요인

옵션의 손익구조를 다소 길게 설명하였지만, 이들의 가격 결정 요인을 간단히 정리하면 다음과 같다. 옵션의 가격은 콜옵션과 풋옵션 각각 기초자산 가격, 행사가격, 만기일까지의 기간, 기초자산 가격의 분산, 시장 이자율(무위험 시장 이자율) 등에 따라 결정된다.

여기서 두 가지만 더 이야기해 보자. 우선 기초자산 가격의 변동성이 높다면, 즉 기초자산 가격의 분산이 커지면 위험에 대비하기 위한 옵션의 가치가 커진다는 사실은 직관적으로 알 수 있다. 다음으로 옵션의 가치는 현재의 시장가격과 행사가격을 비교해 결정되는데, 현시점에서 이들을 비교하려면 행사가격을 시장 이자율(무위험 수익률)로 할인한 값으로 비교하여야 한다. 그런데 콜옵션을 행사할 때의 가치는 '시장가격－옵션 행사가격의 할인액'이며, 풋옵션을 행사할 때의 가치는 '옵션 행사가격의 할인액－시장가격'이다. 그러므로 시장 이자율이 상승하면 행사가격의 현재 가치가 하락해 콜옵션의 가치는

주식옵션의 가격 결정 요인

요인	유럽식 옵션		미국식 옵션	
	콜옵션	풋옵션	콜옵션	풋옵션
기초주식의 현재 가치가 높을수록	상승	하락	상승	하락
행사가격이 높을수록	하락	상승	하락	상승
만기일이 길수록	불명확	불명확	상승	상승
기초주식의 변동성(분산)이 클수록	상승	상승	상승	상승
시장 이자율이 높을수록	상승	하락	상승	하락

자료: 《Fundamentals of Futures and Options Markets》, 2014, John C. Hull

상승하고, 풋옵션의 가치는 감소하지만 시장 이자율이 하락하면 행사가격의 현재 가치가 하락해 콜옵션의 가치는 하락하고 풋옵션의 가치는 상승한다.

옵션의 합성과 응용

옵션은 투자자에게 주식 또는 채권과는 다른 형태의 투자 기회를 제공해 준다. 그런데 이러한 옵션을 이용하는 전략은 콜옵션이나 풋옵션 하나만으로 이루어지지 않는다. 옵션을 주식이나 채권 등 다른 증권과 여러 방법으로 결합해 원하는 다양한 형태의 포트폴리오를 구성할 수 있다. 또한 행사가격 혹은 만기일이 다른 옵션을 합성하거나 콜옵션과 풋옵션을 합성해 다양한 손익구조를 만들어낼 수도 있다. 이러한 합성 포지션을 결합 포지션이라고도 한다. 관건은 투자자가 미래의 가격 변화에 대해 어떠한 전망을 하느냐에 달려 있다. 전망에 따라 다양한 포지션 전략을 취할 수 있다.

한편 옵션의 기본 개념은 금융시장에서 전환사채, 신주인권부사채, 수의상환권부사채, 조기변제요구권부사채 등에 다양하게 이용되고 있다. 이에 대해서도 알아보자.

옵션의 합성

옵션의 합성은 여러 전략에 따라 다양한 종류가 있다. 우선 헤지 포지션hedge position은 주식에 옵션을 합성하는 전략으로 커버드 콜coverd call, 보호적 풋prorective put, 합성 콜synthetic call, 합성 풋synthetic put 등으로 나누어 볼 수 있다. 다음으로 스프레드 포지션spread position은 행사가격 또는 만기일이 다른 옵션을 합성하는 전략으로 수직적 스프레드vertical spread, 수평적 스프레드horizontal spread, 나비형 스프레드butterfly spread 등으로 구분된다. 또 콤비네이션combination은 동일한 기초주식에 대해서 발행된 서로 다른 형태의 콜옵션과 풋옵션을 동시에 매입하거나 발행하는 전략으로 스트래들straddle, 스트립strip, 스트랩strap 등으로 나누어 볼 수 있다.

여기서 모든 합성 옵션의 손익구조를 그릴 수는 없지만 그래프를 통해 손익을 확인하는 작업은 전혀 어렵지 않다. 예를 들어 주식 1주 매입과 해당 주식의 콜옵션 1개 발행을 합성해 커버드 콜의 손익구조를 설명하여 보자.

다음에 나오는 〈옵션의 합성: 커버드콜의 손익구조〉 그래프의 x축은 주식 가격, y축은 합성된 옵션의 이익이다. 우선 매입한 주식(1주)은 주가가 상승하면 이익이 우상향으로 증가한다(그림에서 주식을 나타내는 …선). 다음으로 앞에서 살펴보았던 콜옵션 발행(1개)의 그림을 그린다(그림에서

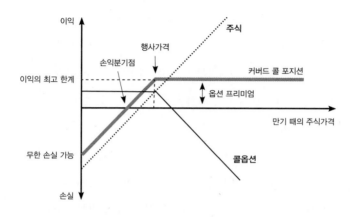

옵션의 합성: 커버드 콜의 손익구조

콜옵션을 나타내는 ─선). 그래프의 합성은 간단하다. 하나의 x점에서 두 개 그래프의 y값을 찾아 더해 이를 그래프에 표시하고 이를 연결하면 합성된 그래프가 된다(그림에서 커버드 콜 포지션을 나타내는 ■선). 예를 들어 어느 한 x값에서 주식의 이익이 마이너스 −60일 때 콜옵션 발행의 이익이 +20이라면 이를 합성한 커버드 콜coverd call의 이익은 −40이 된다. 만일 주가가 크게 상승해 +100이라면 콜옵션 발행의 이익은 −80으로 크게 하락하지만, 커버드 콜의 이익은 +20이 되며 만기 때의 주식 가격이 상승하더라도 안정적인 수준을 유지한다. 이제 무엇과 무엇의 합성인지를 알려 준 후 충분한 시간과 한 잔의 커피만 주어진다면 얼마든지 다양한 손익구조를 그릴 수 있다.

옵션의 응용

금융시장에는 옵션상품뿐 아니라 옵션의 성격을 지닌 상품과 옵션이 내재된 상품이 많이 있으며 여러 금융 상황을 평가하는데 옵션을 이용하기도 한다. 우리는 여기서 ① 주식으로 전환할 수 있는 회사채인 전환사채CB, convertible bond ② 주식을 매입할 수 있는 회사채인 신주인권부사채BW, bond with warant ③ 수의상환권부채권Callable Bond ④ 조기변제요구권부채권Puttable Bond의 가치를 생각해 보자.

먼저 전환사채란 소유자의 의사에 따라 그 기업의 보통주로 전환할 수 있는 권리가 주어진 채권을 말한다. 전환사채는 두 개의 다른 권리를 보유하고 있다. 하나는 만기일까지 원금과 이자를 받을 수 있는 권리이고, 다른 하나는 주식으로 바꿀 수 있는 전환권conversion privilage이다. 전환사채가 종종 일반 회사채보다 높은 가격을 형성하는 까닭은 주식으로의 전환권이 있기 때문이다. 이 전환권은 일정 기간 내에 일반 채권으로서의 가치를 포기하는 대신 주식을 취득할 수 있는 점에서 미국식 옵션의 성격을 가진다. 즉 전환하여 가질 수 있는 주식의 가치가 채권의 가치보다 높으면 전환권을 행사해 이익을 얻을 수 있고, 그렇지 않으면 전환권을 포기하고 그냥 채권으로서의 권리만 가질 수 있다. 따라서 전환권의 현재 가치는 주식의 콜옵션 가격에 전환율을 곱한 것과 같으며, 이러한 전환권의 현재 가치를 전환 프리미엄convertible premium이라고 한다. 전환사채는 콜옵션의 성격을 가지기 때문에 현재의 주가가 높을수록, 전환할 수 있는 기간이 길수록, 주식수익률의 분산이 클수록 그 가격은 상승한다.

다음으로 신주인권부사채란 일정한 기간 내에 약정된 가격으로 신주를 매입할 수 있는 권리를 부여한 채권을 말한다. 신주인권부사채는 주식인수권warant이 채권을 보통주로 전환할 수 있는 권리를 뜻하는 것이 아니라 별도로 부과된 매입권을 뜻한다는 점에서 전환사채와 성격이 다르다. 신주인수권부 사채를 가지고 있는 투자자가 주식인수권을 행사하면 약정된 매입금을 납입하고 주식을 인수하게 된다. 따라서 주식인수권도 기업이 발행하는 미국식 콜옵션과 비슷하다고 할 수 있다. 주식인수권이 일반적인 콜옵션과 다른 점은 주식인수권이 행사될 경우 그 기업의 발행 주식 수가 늘어나서 주주들의 지분이 희석화dilution될 수 있다는 것이다. 즉 지분 비율이 줄어들게 된다는 뜻이다. 반면 일반적인 콜옵션의 행사는 유통시장에서 하는 주식거래에 불과하다. 이러한 주식인수권에는 채권에 붙어 있어 분리될 수 없는 것과 채권으로부터 분리되어 주식거래소나 장외시장에서 별도로 거래될 수 있는 것이 있다.

그리고 채권 발행자가 자금의 여유가 있을 경우 채권 만기일이 도래하기 전이라도, 채권 발행자의 뜻에 따라 채권을 상환할 수 있는 권리를 부여한 채권을 수의상환권부채권Callable Bond이라고 한다. 수익상환부채권 매수자는 자기가 원하지 않을 때라도 채권 발행자가 상환을 요구하면 응해야 하는 의무를 진다. 즉 발행자가 콜옵션을 가진다는 의미다. 따라서 수의상환권부채권을 발행할 때에는 일반 채권에 비해 금리를 높혀서 발행한다. 채권에서 발행 금리가 높다는 말은 가격이 싸다는 뜻이다. 그래서 '수의상환권부채권의 가치=일반 채권의 가치-콜옵션'의 등식이 성립한다.

반면 채권 투자자가 만기일 전이라도 조기 상환을 청구할 수 있는 채권도 있다. 이를 조기변제요구권부채권Puttable Bond이라고 한다. 이때 채권 발행자는 자기가 원하지 않을 때라도 채권 투자자가 상환을 요구하면 응해야 하는 의무를 진다. 즉 투자자가 풋옵션을 가진다는 의미다. 따라서 수의상환권부채권을 발행할 때에는 일반 채권에 비해 금리를 낮춰서 발행한다. 채권에서 발행 금리가 낮다는 말은 가격이 비싸다는 뜻이다. 그래서 '조기변제요구권부채권의 가치=일반 채권의 가치+풋옵션'의 등식이 성립한다.

06

조건을 교환하다
: 스왑

* 스왑거래란 어떠한 조건을 바꾸는 거래를 말한다.

스왑의 개념

스왑Swap계약은 거래 당사자가 가지고 있는 미래의 서로 다른 자금 흐름cash flow을 일정 기간 서로 교환하기로 계약하는 거래를 말한다. 당초 스왑거래는 백투백대출back-to-back loan[34]로부터 시작되었다는 사실을 기억하자. 스왑계약에는 현금 흐름이 교환되는 날짜와 현금 흐름 규모를 계산하는 방법이 명시되는데, 이때 스왑 거래자들은 자신이 당면한 리스크 구조에 따라 두 개의 서로 다른 새로운 현금 흐름을 만들어낼 수 있다. 이와 같이 스왑은 계약 형태가 다양해 표준화하기 어렵기 때문에 주로 장외에서 거래된다. 스왑시장에서는 장외 파생금융상품 중앙청산소CCP(한국거래소)를 통한 청산 의무화, 증거금Global Margin거래 등 담보에 의한 스왑거래가 주를 이루고 있으나 시장 일부에서는 여전히 무담보부스왑거래도 이루어진다.

스왑의 한 건당 거래 규모는 선물이나 옵션의 거래 규모에

34　국적이 다른 두 기업이 비교 우위를 이용해 자국 통화를 조달해 같은 금액을 서로 대출해 주는 계약이다. 두 기업의 조달금리가 각각 다르기 때문에 각 통화에 맞는 금리로 원리금을 상환한다. 서로 다른 두 개의 대출 계약이기 때문에 거래 상대방이 채무를 이행하지 않을지라도 자신의 채무가 사라지지 않아 거래 상대방 리스크가 존재한다. 통화스왑은 백투백대출에서 비롯되었다.

비해 엄청나게 크기 때문에 개인투자자는 물론 웬만한 기업들도 스왑시장에 참여하기 어렵다. 그럼에도 불구하고 여기서 스왑을 설명하는 이유는 스왑거래가 선물, 옵션과 함께 파생금융상품의 삼총사 중 거래 규모가 가장 크고 금융시장을 움직이는 힘이 있기 때문이다. 여기서 조금만 더 관심을 기울인다면 금융시장에 대한 각종 동향 분석 보고서에서 스왑거래를 자주 발견할 수 있을 것이다. 이러한 스왑의 동향은 금리와 환율의 움직임을 파악하는 데 도움이 된다.

스왑은 선도거래계약의 확장

스왑을 우리가 이미 살펴본 선도거래계약의 확장으로 이해하면 알기 쉽다. 예를 들어 선도거래는 단일 날짜를 기준으로 우리나라 원화와 미국 달러를 미리 약속한 선도 가격으로 교환하는 반면, 통화스왑currency swap은 미래 일정 기간 여러 번의 날짜에 걸쳐 원화와 달러의 이자를 교환한다. 마찬가지로 금리스왑interest rate swap은 일정 기간 여러 번의 날짜에 걸쳐 변동금리와 고정금리를 교환한다. 즉 스왑거래란 불확실한 미래 가격을 미리 정해 한 번 교환하는 선도거래가 연속적으로 몇 번에 걸쳐 이루어지는 거래라고 볼 수 있다.

스왑 발생의 요인

예로부터 서로 성격이 다른 돈을 교환하려는 필요가 있었다. 우선 각 스왑 참여 기관들이 여러 시장에 참여해 자금을 조달하는 조건이 각각 다르기 때문에 비교 우위가 있는 유리한 시장에서 자금을 조달한 후 교환하면 서로 이익이 된다. 대체로 각 참여 기관들은 자기 나라에서 좋은 조건으로 자기 나라의 통화로 차입할 수 있다. 또한 각 시장마다 신용위험, 조기 상환 옵션의 가치 등이 다르다는 점을 이용하여 차익거래를 할 수 있으며, 각 나라마다 조세 차이와 같은 규제가 다르기 때문에 이를 회피하고 활용하려는 요인도 가세한다.

스왑의 종류

스왑은 크게 금리를 교환하는 스왑과 외환을 교환하는 스왑으로 나뉜다. 금리스왑은 변동금리와 고정금리를 교환한다. 외환스왑과 통화스왑은 원-달러처럼 이종통화 간 자금 교환으로 이루어진다.

금리스왑

금리스왑IRS, Interest Rate Swaps은 차입금에 대한 이자율 변동 위험을 헤지하거나 차입 비용을 절감하기 위해 두 차입자가 각자의 채무에 대한 이자 지급 의무를 서로 교환하는 계약으로서 일반적으로 변동(고정)금리와 고정(변동)금리를 일정 시점마다 바꾸는 거래를 말한다. 금리스왑을 이자율스왑이라고도 한다.

금리스왑거래는 통화, 원금, 만기가 같은 부채 구조를 가진 두 당사자 사이의 거래가 대부분이며, 통화스왑거래와 달리 계약 당사자 사이에 이자를 교환하는 의무만 있고 원금을 교환하지는 않는다. 금리스왑거래가 동일한 통화를 대상으로 하기 때문에 군이 원금을 교환할 필요가 없는 것은 당연하다. 금리스왑은 원금을 교환하지 않고 이자만 교환하기 때문에, 즉 원금을 주고 돌려받지 못할 리스크가 없기 때문에 채권 투자에 비해 자금 부담이 덜하고 신용위험이 낮다.

금리스왑의 주요 기능도 헤지거래

금리스왑의 가장 주요한 기능은 이자율 변동 위험을 헤지할 수 있는 수단을 제공하는 것이다. 고정금리부 자산과 부채의 듀레이션 불일치로 발생하는 금리 변동 위험을 헤지하기 위해 금리스왑거래가 이용된다. 예를 들어 고정금리부 자산의 듀레이션이 부채의 듀레이션보다 클 경우 그 규모를 계산해 금리스왑을 통해 고정금리를 지급하는 한편 변동금리를 수

취하며, 고정금리부 자산의 듀레이션이 부채의 듀레이션보다 작을 경우 금리스왑을 통해 고정금리를 수취하는 한편 변동금리를 지급한다. 쉽게 말해 원래 고정금리를 주어야 하는 경우에는 금리스왑을 통해 고정금리를 받는 거래를 하고, 원래 고정금리를 받는 경우에는 금리스왑을 통해 고정금리를 주는 거래를 한다는 뜻이다.

그러나 스왑거래의 기능이 헤지에만 있는 것은 아니다. 채권 현·선물과 금리스왑시장 사이의 가격 차이를 이용한 거래를 통해 이익을 획득할 수도 있다. 즉 저평가된 채권의 현물 또는 선물을 매입과 동시에 고정금리 지급부 금리스왑을 거래하거나 고평가된 채권의 현물 또는 선물을 매도와 동시에 고정금리 수취부 금리스왑을 거래하여 거래 차익을 획득할 수 있다.

향후 금리 전망을 바탕으로 금리스왑을 할 경우 투기적인 이익을 실현할 수 있다. 즉 금리 상승이 예상될 때는 고정금리 지급 스왑 포지션을, 반대로 금리 하락이 예상될 때는 고정금리 수취 스왑 포지션을 취하면 이익을 얻을 수 있다. 다만 금리 전망이 틀릴 경우에는 손실을 감수하여야 한다.

금리스왑의 거래 조건

금리스왑의 거래 만기는 3개월부터 20년물까지 다양하나 1~5년물이 주로 거래된다. 일반적으로 최소 거래 단위 금액은 100억 원이며 100억 원 단위로 추가된다. 고정금리와 변동금리는 3개월마다 교환되며, 우리나라의 경우 변동금리로 금융투자협회가 발표하는 최종 호가 수익률 기준 CD(91일물)금리를 주로 이용한다. 금리스왑시장에서는 변동금리와 교환되는 고정금리를 스왑금리swap rate라고 하는데, 우리나라에서는 자금중개회사가 발표하는 오퍼offer금리와 비드bid금리를 평균해 사용하고 있다. 여기서 오퍼금리는 스왑시장 조성은행market maker이 고객market user에게 변동금리를 주는 대신 받고자 하는 고정금리를 의미하며, 비드금리는 스왑시장 조성은행이 변동금리를 받는 대신 지급하고자 하는 고정금리를 말한다. 교환하는 금리 중 고정금리를 '스왑금리'라고 부른다는 사실을 잊지 말자. 금리스왑에서는 변동금리가 아닌 고정금리가 기준이 된다. 스왑금리가 상승 또는 하락하였다는 말은 고정금리가 상승 또는 하락하였다는 말이다.

금리스왑 스프레드

금리스왑 스프레드는 스왑금리와 무위험 채권 수익률의 차이를 말한다. 현재 우리나라 금리스왑 스프레드로는 3년 만기 스왑금리와 3년 만기 국고채 수익률의 차이가 주로 이용되고 있는데 1·2·5·10년 만기 스왑금리와 1·2년 만기 통화안정증권 및 5·10년 만기 국고채 수익률과의 차이가 종종 이용되기도 한다.

금리스왑시장에서 스왑금리와 스프레드는 금리 전망, 거래 상대방의 신용위험, 국채의 수요공급, 스왑거래의 방향 등 다양한 요인에 의해 변동한다. 예를 들어 스왑시장 조성은행이 시장금리가 하락할 것으로 예상해 변동금리를 지급하는 한편 고정금리를 받고자 할 경우 고정금리 수취 스왑 수요의 증가로 스왑시장 조성은행이 받고자 하는 고정금리가 떨어지면서 국고채 수익률과의 스왑 스프레드가 축소된다.

금리스왑 참가 기관과 스왑시장 조성은행의 역할

금리스왑시장은 크게 대고객시장과 은행간시장으로 구분된다. 대고객시장에서는 자산운용회사, 보험회사, 연기금 및 신용도가 높은 기업 등 고객들이 스왑시장 조성은행, 즉 산업은행과 같은 신용도가 높은 국내은행이나 외국은행 국내지점 등과 사전 계약을 통해 스왑거래 한도를 설정한다. 그리고 고객이 금리 변동 위험을 헤지하기 위해 스왑시장 조성은행 앞으로 금리스왑거래계약을 요청하고 같은 은행이 이를 수용하면서 거래가 성사된다.

한편 스왑시장 조성은행은 대고객거래에서 발생한 금리스왑 포지션 변동 상쇄 또는 자기 보유 자산의 헤지와 투기 등을 위해 포지션을 조정할 필요성을 느끼게 된다. 이를 위해 은행은 새로운 고객과 반대 방향으로 거래offset transaction하거나 은행간시장에서 포지션을 조정하게 된다. 이러한 은행 사이의 거래에서는 직접 거래보다는 상대방에 대한 탐색 비용searching cost을 줄이기 위해 중개거래를 주로 이용하고 있다.

금리스왑의 주요 거래 내용

다양한 스왑거래를 몇 가지로 나누어 살펴보면, 먼저 국내은행들은 주로 대고객거래에서 발생하는 스왑 포지션의 변동을 상쇄시키기 위해 또는 보유 자산과 부채의 듀레이션 불일치에 따른 금리 변동 위험을 헤지하기 위해 스왑거래를 한다. 예를 들어 국내은행들이 CD(91일)금리 연동 주택담보대출의 재원을 조달하기 위해 장기의 고정금리부채권을 발행할 경우 금리 변동 위험에 노출된다. 즉 CD금리가 하락할 경우 수취하는 대출 이자는 줄어들지만 지급해야 하는 은행채 이자가 고정되어 있기 때문에 손실이 발생한다. 이에 따라 일부 국내은행은 장기 은행채를 발행할 경우 금리 변동 위험을 헤지하기 위해 변동금리 지급 및 고정금리 수취의 금리스왑거래를 한다.

또한 외국은행 국내지점도 대고객거래와 관련한 반대거래 및 헤지거래에 참가해 스왑시장 조성은행으로서의 역할을 하고 있다. 예를 들어 국내은행이 구조화채권 발행으로 조달한 자금을 기초로 변동금리대출을 실행할 경우 금리 변동 위험을 헤지하기 위해 외국은행 국내지점과 변동금리 지급 및 고정금리(구조화채권 발행 금리) 수취의 스왑거래를 한다. 스왑은행인 외국은행 국내지점이 국내은행과 반대거래를 해 줌으로써 국내은행이 금리 변동 위험을 헤지할 수 있도록 하고 있다.

한편 자산운용회사는 시장금리 변동에 따른 펀드 수익률 변동 위험을 축소해 안정적인 펀드 수익률을 확보하고자 금리스왑을 활용한다. 즉 보유 신탁재산의 평균 만기가 부채의 평균 조달 기간을 상회하고 있는 자산운용회사의 경우 고정금리 지급부스왑을 통해 보유자산의 듀레이션을 축소하여 자금 조달(단기)과 자산 운용(장기) 동안의 만기 불일치 문제를 완화할 수 있다.

아울러 증권회사는 단기금융시장에서 RP매도나 콜차입 등을 통해 자금을 조달해 채권시장에서 국고채 같은 현물채권을 매입하는데 이와 동시 스왑시장에서 금리 변동 위험을 헤지하기도 한다. 금리스왑시장에서 CD금리를 받고 고정금리를 지급하는 스왑거래를 체결하면 '국고채 수익률과 금리스왑IRS금리'의 차익을 얻을 수도 있다.

외환스왑

외환스왑Fx Swaps, Foreign Exchange Swaps이란 거래 상대방과 주로 1년 이내의 단기간 통화를 서로 교환해 사용하는 거래를 말한다. 외환스왑은 현물환거래와 선물환거래를 동시에 거래하는 형태로 되어 있다. 이러한 외환스왑을 이용해 기업은 달러를 현물환으로 매도하고 선물환으로 매입할 경우 달러로 원화를 조달한 효과를 볼 수 있다. 즉 달러화를 보유한 기업이 월말, 분기 말 등에 일시적으로 원화 수요가 발생할 때 보유한 달러를 처분하지 않고 환 리스크 없이 손쉽게 원화를 조달할 수 있는 유용한 수단이 된다. 이런 경우 왜 환 리스크가 없는지는 잠시 후 '외환 포지션의 변동'에서 알아보자.

이러한 외환스왑은 지금 당장 달러를 샀다가(또는 팔았다가) 6개월 후 다시 파는(또는 사는) 두 거래의 합으로 이해할 수 있다. 외환스왑은 여유 있는 통화를 담보로 맡기고 필요한 통화를 빌려 쓰는 것(즉 현물환 거래)과 일정 기간이 지난 결제일에 빌려 쓴 통화를 반납하고 담보로 맡긴 통화를 찾아오는 것(즉 선물환거래)과 같이 두 가지 거래로 구분해 생각할 수 있다.

외환스왑의 거래 구조

외환스왑은 시작할 때 '현물환 매입, 선물환 매도'라면 만기일에는 '현물환 매도, 선물환 매입'으로 매입과 매도 방향을 서로 반대 방향으로 하는 거다. 반면 거래 상대방의 경우 당연히 시작할 때 '현물환 매도, 선물환 매입'이며 만기일에는 '현물환 매입, 선물환 매도'가 된다. 이때 매입 또는 매도는 현물 달러를 기준으로 정한다. 즉 현물환 매입, 선물환 매도는 바이앤셀스왑Buy & Sell Swap이라고 부르고 현물환 매도, 선물환 매입은 셀앤바이스왑Sell & Buy Swap이라고 부른다.

이 과정에서 빌린 통화에 대한 이자 지급과 빌려준 통화에 대한 이자 수입은 선물환율에 반영해 주고받는 구조를 가진다. 현물환율과 선물환율 사이에는 양 통화의 금리 차이 등을 고려한 선물환 프리미엄이나 디스카운트가 있게 되는데, 이를 스왑포인트swap point라고 부른다. 즉 스왑포인트는 선물환율과 현물환율의 차이(선물환율−현물환율)를 나타내며 이는 기본적으로 양국 통화 사이의 금리 차이를 반영한다.

한편 이러한 스왑포인트를 이용해 외화를 대가로 원화를 빌리는 비용을 산출할 수 있는데, 이를 스왑레이트swap rate라고 한다. 스왑레이트를 구하는 방법은 '[스왑레이트=(선물환율−현물환율)/현물환율]×100(%)'이다. 예를 들어 현물환율이 1달러당 1,300원이고 선물환율이 1달러당 13,10원일 경우 스왑포인트는 10원, 스왑레이트는 (10원/1,300원)×100(%)=약 0.7%가 된다. 이러한 스왑레이트는 선물환율이 현물환율보다 높을 경우 제로(0)보다 클 수도 있으며, 선물환율이 현물환율보다 낮을 경우 제로보다 작을 수도 있다.

외환 포지션에 미치는 외환스왑의 영향

외환스왑거래는 달러를 빌려주지만(빌리지만) 만기에 돌려받기(돌려주기) 때문에 전체적으로 스왑거래에 따른 외환 포지션의 변동은 없다. 외환 포지션에 변동이 없으니 환율에는 영향이 없을까? 원화를 필요로 하는 쪽은 외화를 빌려주고 원화를 빌리고, 외화를 필요로 하는 쪽은 원화를 빌려주고 외화를 빌리기 때문에 스왑거래 당사자들은 굳이 국내 외환시장에서 원화와 외화를 사고팔 필요가 없다. 따라서 외환스왑은 환율에 영향을 미치지는 않는다고 생각하기 쉽다.

외환 포지션의 변동

	팔고 사기(매매)	빌리고 빌려주기(대차)
거래	현물환, 선물환	외환스왑, 통화스왑
포지션 변동	변동	변동 없음

외환스왑이 환율에 미치는 영향

그러나 외환스왑시장에서 외화를 빌려주려는 쪽이 많거나 빌리려는 쪽이 적어 외화 사정이 풍부하면 스왑레이트는 상승하는 경향이 있다. 반대로 외화 사정이 어려우면 스왑레이트는 하락하는 경향이 있다. 예를 들어 현재 환율이 1달러당 1,200원인데, 외환 사정 악화로 달러를 구하기가 힘들어서 3개월 후 1,300원 주는 조건으로 달러를 빌린다면 3개월 스왑포인트는 [(1,300원−1,200원)/1,300원]×100(%)=약 7.7%가 된다. 그래서 스왑레이트는 외화에 대한 수요를 나타내는 좋은 신호가 된다. 현물거래를 할 때에도 이렇게 움직이는 스왑레이트를 참조해 거래하기 때문에 스왑거래는 시장 환율에 영향을 미친다. 또한 스왑거래에 녹아 있는 환율과 현재 거래되는 시장 환율 사이에 차이가 나타나면 이들 사이에 차익거래가 발생하면서 현재 환율에 영향을 미치게 된다.

통화스왑

통화스왑CRS, Currency Swaps은 둘 또는 그 이상의 거래 당사자들이 사전에 정해진 만기와 환율에 의거하여 서로 다른 통화로 차입한 자금 원금과 이자의 상환을 교환하는 거래다. 간단하게 원화와 달러를 스왑을 통해 교환한다고 가정하여 예를 들어 보자.

통화스왑거래는 금리스왑거래와 달리 스왑거래 시작 시점

과 만기 시점에 원금 교환이 이루어진다.[35] 거래 당사자들이 서로 원화와 달러가 필요해 발생한 거래이기 때문에 교환이 당연하다. 원금을 교환하지 않으려면 통화스왑거래를 할 필요도 없다. 물론 일정 기간이 지나서 만기가 되면 당초 주고받은 원금을 재교환한다. 한편 통화스왑 기간 중에는 원화로 교환한 기관이 원화로 이자를 주고, 달러로 교환한 기관이 달러로 이자를 준다. 이렇게 교환되는 이자에는 외화와 원화에 대한 이자의 차이 그리고 현재 환율과 미래 환율의 차이가 녹아 있다.

통화스왑은 환 리스크를 헤지하기 위한 수단과 필요 통화 자금을 조달하는 수단으로 주로 이용된다. 그리고 금리 변동에 대한 헤지 및 특정 시장에서의 외환 규제나 조세 차별 등을 피하는 수단으로 활용되기도 한다.

일반적인 통화스왑거래 메커니즘을 설명하면 다음과 같다. 예를 들어 A는 달러 자금을, B는 원화 자금을 각각 유리한 조건으로 차입할 수 있다. 그런데 A는 원화 자금이, B는 달러 자금이 필요하다고 가정하자. 이 경우 A는 달러 자금을, B는 원화 자금을 각각 차입하고 서로의 차입 자금을 교환한다. 교환

---

35 물론 외환스왑의 경우에도 원화와 달러 사이의 원금 교환이 이루어진다는 사실을 잊지 말자.

되는 이자는 자금을 이용한 사람(A는 원화, B는 달러)이 지급한다. 만기가 되면 최초 차입한 사람이 차입 원금을 상환할 수 있도록 달러 자금과 원화 자금을 재교환하면 통화스왑이 종료된다.

통화스왑의 거래 조건

거래 만기는 3개월부터 20년물까지 다양하지만 1~5년물이 주로 거래된다. 최소 거래 단위는 1,000만 달러이며 1,000만 달러 단위로 증액할 수 있다. 시장에서는 주로 고정금리부 원화와 변동금리부 외화를 교환하게 되는데 변동금리로는 만기 3개월 또는 6개월 리보LIBOR, London inter-bank offer rate가 이용되었다.[36] 통화스왑시장에서의 오퍼(offer금리)는 스왑시장 조성은행이 고객으로부터 달러화를 받고, 원화를 줄 때 받고자 하는 원화고정금리를 의미하며 비드(bid금리)는 스왑시장 조성은행이 원화를 받고 달러화를 줄 때에 지급하고자 하는 원화 고정금리를 의미한다. 즉 원달러 통화스왑에서 스왑금리란 원화 고정금리를 말한다.

---

36 리보금리 산정 발표 중단에 따라 LIBOR 대신 통화별 무위험 지표 금리가 사용된다. USD LIBOR는 기간물 SOFR, GBP LIBOR는 Compounded SONIA, JPY LIBOR는 TIBOR, EUR LIBOR는 EURIBOR로 대체되었다.

통화스왑시장의 구분

통화스왑시장도 금리스왑시장과 마찬가지로 대고객시장과 은행간시장으로 구분된다. 신용카드회사와 보험회사 등 고객들과 통화스왑시장 조성은행은 사전 계약을 통해 스왑거래 한도를 설정하고 고객의 스왑 요구를 스왑시장 조성은행이 받아들이면서 거래가 성사된다. 한편 스왑시장 조성은행은 중개기관을 통해 대고객거래에서 발생한 통화스왑 포지션 변동을 반대 방향 거래를 통해 조정하거나 투기 목적으로 포지션을 설정하기 위해 통화스왑거래를 한다.

금융기관별로 보면 은행은 주로 생명보험회사, 신용카드회사, 공기업 등 대고객거래에서 발생한 스왑 포지션을 조정하기 위한 목적으로 통화스왑거래를 하고 있다. 장기보험계약을 많이 보유하고 있는 생명보험회사들은 자금운용상 장기 채권에 대한 투자 수요가 크지만, 국내 채권시장에서는 투자 대상 채권을 확보하기 어려워 만기 10년 내외의 장기 외화채권에 투자하고 있다. 이에 따라 생명보험회사들은 외화채권 투자에 따른 환 리스크와 금리 리스크 등을 헤지하기 위해 통화스왑거래를 이용한다. 통화스왑거래를 활용할 때 외화 기준 변동금리부 자산이 원화 기준 고정금리부 자산으로 전환되는 효과가 발생한다. 예를 들어 국내 생명보험회사들은 다른 국내기관이 해외에서 발행한 변동금리부 달러화 표시 채권을 많이 매입하는데 외화변동금리 수취분을 통화스왑을 통해 원화 고정금리로 변경하고 있다.

한편 외국인은 국내외 금융시장 불안으로 국내 채권금리와 통화스왑금리 사이의 격차가 커지는 경우 국내 채권 투자 목적의 통화스왑거래를 이용한다. 즉 외국인은 해외에서 조달한 외화자금을 통화스왑 거래를 통해 원화자금으로 전환하여 국고채, 통안증권 등 국내 채권에 투자함으로써 추가적인 위험 없이 금리 차익을 획득하려는 경향이 있다.

선물환, 외환스왑, 통화스왑의 비교

외환스왑foreign exchange swap은 통화스왑currency swap과 비슷하나 거래 만기가 짧다. 외환스왑도 원화와 달러의 교환거래라는 점에서 통화스왑과 같지만 만기가 주로 1년 이내다. 교환 기간이 짧기 때문에 통화스왑과 달리 스왑 기간 중 굳이 이자

외환거래의 성격

	선물환	외환스왑	통화스왑
거래 기간	짧음	1년 이내	1년 이상
이자 교환	없음	없음	있음
교환 차이의 요인	환율+금리	환율+금리	환율+금리
유사한 채권 형식 비교	할인채	할인채	이표채

를 교환하지 않고 만기 시점을 기준으로 전체 이자를 계산해 한꺼번에 주고받는 형식을 취한다. 외환스왑금리에도 원화와 외화에 대한 이자의 차이 그리고 현재 환율과 미래 환율의 차이가 녹아 있다.

외환스왑은 주로 단기자금 조달과 환 리스크 헤지 수단으로 이용되는 반면, 통화스왑은 주로 중장기 금리 조달과 환 리스크와 금리 리스크의 헤지 수단으로 이용된다.

중앙은행 간 통화스왑

글로벌 금융위기에 대응해 2008년 10월 30일 한국은행과 미 연준은 300억 달러 규모의 한미 통화스왑협정Currency Swaps Agreement을 체결하여 우리나라의 외화 유동성 부족에 대한 시장의 우려를 불식시켰다. 이후 일본, 중국 등과의 통화스왑 규모를 확대하며 유럽의 재정 위기에 따른 금융시장의 불안에 선제적으로 대응한 바 있다. 2020년 3월 COVD-19 충격에 대응해 체결한 미 연준과의 600억 달러 통화스왑은 국내 외환시장 안정에 기여하였다. 전 세계적으로 달러 유동성이 부족한 상황이 지속된 가운데 체결된 한미 통화스왑협정은 일정 부분이지만 우리나라가 보유하고 있는 외환보유액 뒤에 달러 발권력이 뒷받침되고 있다는 신호를 국제금융시장에 보냄으로써 환율, 금리의 불안을 잠재웠다.

07

믿음을 거래하다
: 신용파생상품

---

* 신용파생상품은 다른 자산에 포함되어 있는 신용위험을 별도로 분리하여
거래하는 상품이다.

신용파생상품의 개념

알파벳으로 주로 표시되는 CDS, TRS, CLN, Synthetic CDO 등 신용파생상품credit derivatives은 이름조차 생소하다. 신용파생상품이란 차입자 또는 발행자의 신용에 따라 가치가 변동하는 기초자산underlying asset의 신용위험credit risk을 분리해 이를 다른 거래 상대방에게 이전하고 그 대가로 프리미엄(수수료)을 지급하는 금융상품을 말한다. "위험하면 위험을 팔아라! 나는 안전한 자산만 가지고 있겠다."

일반적으로 금융자산은 금리, 환율 등 가격 변수의 변동에 따라 그 가치가 변화하는 시장위험market risk과 차입자의 부도, 신용 등급 하락 등에 따라 자산 가치가 변화하는 신용위험을 가지고 있다. 시장의 가격 변동 위험은 선물, 스왑, 옵션 등을 통해 대처할 수 있으며 신용위험은 신용파생상품을 통해 헤지할 수 있다.

신용사건의 규정

신용파생상품을 거래하기 위해서는 신용위험이 실제 발생하였는지를 나타내는 신용사건credit event의 종류와 내용을 정하고 발생 시점을 정의하는 것이 가장 중요하다. "항상 무엇을, 언제, 어떻게가 중요하다." 신용사건의 정의와 종류는 국

국제스왑·파생금융상품협회에서 마련한 표준안에서 규정한 신용사건

신용사건의 종류	정의
도산	파산, 청산, 화의, 회사 정리 절차 신청 등
지급 실패	만기일 채무를 상환하지 못하는 경우
기한의 이익 상실	부도처럼 만기일 이전에 상환해야 할 의무가 발생하는 경우
모라토리움	국가의 지급 정지 선언
채무 재조정	채권자와 채무자 사이에 채무 원금, 이자, 지급 시기 등이 재조정되는 경우

자료: 《한국의 금융시장》, 한국은행, 2021년

제스왑·파생금융상품협회ISDA, International Swaps and Derivatives Association에서 마련한 5개 사항의 표준안을 참고해 거래 당사자가 매매계약할 때 약정한다.

거래 당사자는 신용위험을 회피하기 위해 신용위험을 넘기고 프리미엄을 지급하려는 보장 매입자protection buyer와 신용위험을 떠안으면서 그 대가로 프리미엄을 수취하려는 보장 매도자protection seller로 구성된다. 일반적으로 신용파생상품은 기초자산underlying assets의 이전 없이 신용위험만을 분리하여 거래하기 때문에 신용위험에 대한 가격 산정의 적정성을 높여 신용위험을 다수 투자자에 분산시키는 기능을 제공한다.

신용부도스왑[37]

신용부도스왑CDS, Credit Default Swaps은 모든 신용파생상품의 근간을 이루는 상품으로 그 성격은 지급 보증과 유사하다. 신용파생상품 중 제일 유명하다. 신용부도스왑거래는 보장 매입자와 보장 매도자 사이에 이루어진다. 보장 매입자는 보장 매도자에게 정기적으로 일정한 프리미엄을 지급하고 그 대신 계약 기간 동안 기초자산에 신용사건이 발생할 경우, 보장 매도자로부터 손실액 또는 사전에 합의한 일정한 금액을 보상 받거나 문제가 된 채권을 넘기고 채권 원금을 받는다. 만약 기초자산에 신용사건이 발행하지 않으면 보장 매입자는 프리미엄만 지급한 결과가 된다. 결국 자동차보험에 가입하는 형태가 된다. "보험료를 낼 테니 자동차 사고가 나면 알아서 보상해주세요!"

일반적으로 신용사건이 발생하게 되면 실물 인도 또는 현금 결제에 의해 신용부도스왑이 정산된다. 만약 계약 조건이 실물 인도를 요구하는 경우라면 보장 매입자는 기초자산을 보장 매도자에게 인도하고 기초자산의 액면 금액을 받는다. 현

---

37 순수한 의미의 스왑에는 교환 조건에 전제가 붙지 않는다. 조건이 붙으면 이는 사실 옵션을 내재한 파생금융상품이 된다. 이러한 의미에서 신용부도스왑은 신용부도옵션이라고 할 수 있으나 관습상 스왑이라고 부른다.

금 결제를 하는 경우라면 기초자산의 명목 원금과 평균 시장 가격과의 차이가 정산 금액이 된다. 이때 기초자산의 평균 시장가격은 신용사건이 발생한 후 일정한 기간이 지난 시점에서 평가 대리인들calculation agents이 문제가 된 채권 호가의 조사 또는 입찰을 통해 결정하며 이에 의해 정산 금액이 결정된다.

신용부도스왑 프리미엄의 변동

신용부도스왑거래에서 프리미엄은 거래의 만기가 길어질수록, 기초자산의 신용 등급이 낮을수록 당연히 높아진다. 프리미엄은 일견 그럴듯하게 들리지만, 결국 돈을 더 내는 일이니 절대 좋은 것은 아니다. 또한 보장 매도자의 신용 등급이 높을수록 프리미엄이 높아지게 된다. 이 또한 당연하다. 예를 들어 신용 등급이 A인 기초자산의 신용위험을 전가시키려는 보장 매입자의 입장에서는 신용 등급이 BB인 보장 매도자와 계약을 맺는 것은 큰 의미가 없다. 왜냐하면 보장 매도자인 거래 상대방이 먼저 채무 불이행 상태에 빠지면 계약을 이행할 수 없기 때문이다. 따라서 보장 매입자는 신용 등급이 자신보다 높은 보장 매도자를 선호하며 거래 상대방의 신용 등급이 높을수록 프리미엄도 높아진다. 그리고 양자 사이의 채무 불이행 상관관계가 낮을수록 프리미엄이 높아진다. 신용부도스왑거래를 통해 보장 매입자는 기존 고객과의 관계를 그대로 유지하면서 신용위험을 헤지할 수 있다. 보장 매도자는 투자자로서 자금 부담 없이 신용위험을 이전받는 대가로 수수료 수입을 얻을 수 있다.

총수익스왑

총수익스왑TRS, Total Return Swaps은 기초자산에서 발생하는 총수익과 일정한 약정 이자(통상 변동금리+α)를 일정 시점마다 교환하는 계약이다. 이때 총수익에는 채권 표면이자[38]뿐 아니라 스왑 종료 시점의 자본이득capital gain 또는 자본손실capital loss 등이 포함된다. 스왑 기간 동안 현금 흐름은 다음과 같다.

우선 이자 지급일에 보장 매입자(TRS 지급자)는 채권 표면coupon을 지급하고, 보장 매도자(TRS 수취자)는 약정 이자(변동금리+α)를 지급한다. 이후 스왑계약이 종료되는 시점에서는 이자 교환뿐 아니라 채권 가치의 변동에 따른 자본이득 또는 자본손실을 스왑계약 당사자 사이에 정산하여 교환한다. 예를 들어 액면가가 100억 원인 채권을 기초자산으로 한 스왑

38 채권액면에 매 이자 지급일에 지급하기로 표시한 표면 이자율coupon rate로 계산한 이자를 말한다.

의 계약 기간 동안 채권 가격이 10% 상승하였다면 총수익스왑 지급자는 10억 원을 지급하여야 한다. 반대로 채권 가격이 10% 하락하였다면 총수익스왑 수취자가 10억 원을 지급하게 된다. 한편 스왑 기간 중 기초자산에서 채무 불이행이 발생하면 일반적으로 계약의 명목 원금에서 기초자산의 시장가격을 차감한 만큼을 보장 매도자가 부담한다.

총수익스왑의의 효과

총수익스왑거래를 통해 보장 매입자는 기초자산으로부터 발생하는 모든 현금 흐름을 상대방에게 이전하기 때문에 기초자산의 가격 변동에 따른 위험을 부담하지 않으며 해당 자산을 매각해 단기로 자금을 운용하는 것과 동일한 효과를 누린다. 반면 보장 매도자는 자기 자금의 부담 없이 수익을 획득하는 효과를 본다. 총수익스왑이 신용부도스왑과 다른 점은 기초자산의 신용위험 외에 금리, 환율 변동에 따른 시장위험도 거래 상대방에 이전할 수 있다는 점이다. "결국 수익률 변동에 신경쓰지 않고 안전하게 살고 싶어서 모든 위험을 넘기니까 총수익스왑이다."

신용연계증권

신용연계증권CLN, Credit Linked Notes의 거래도 보장 매입자와 보장 매도자 사이에 이루어진다. 보장 매입자는 기초자산의 신용 상태와 연계된 증권을 발행하고 약정된 방식으로 이자를 지급하며, 보장 매도자는 약정 이자를 받는 대신 신용사건이 발생할 경우 기초자산의 손실을 부담한다. 결국 신용연계증권은 신용부도스왑을 증권화한 형태라고 볼 수 있다.

신용연계증권의 특징

신용연계증권거래의 특징은 보장 매도자(CLN 매수자)가 지급하는 신용연계증권 매수 대금에 대한 신용사건이 일어날 경우 보장 매도자가 부담하게 되는 손실의 담보 역할을 한다는 점이다. 즉 보장 매입자(CLN 매도자)는 보장 매도자로부터 신용연계증권 매도 대금을 받아 국채와 같은 저위험자산을 매입하며, 이후 기초자산에 신용사건이 일어나는 경우 보장 매입자는 신용연계증권 매수 대금에서 기초자산의 손실분을 차감해 보장 매도자에게 돌려주거나 기초자산을 보장 매도자에게 인도한다. 그러므로 신용연계증권은 신용부도스왑과는 달리 신용연계증권 대금이 담보 역할을 하고 있어 보장 매도자의 신용도는 문제 되지 않는다. 한편 신용연계증권 발행에 있어서 기초자산을 보유한 금융기관이 직접 발행하는 방식과 특수목적회사SPV, Special Purpose Vehicle를 통해 발행하는 방식이 모두 이루어지고 있다.

합성담보부증권

합성담보부증권CDO, Synthetic Collateralized Debt Obligations은 보장매입자의 기초자산에 내재된 신용위험을 특수목적회사가 이전 받아 이를 기초로 발행한 선·후순위 채권을 말한다. 특수목적회사는 합성CDO 발행에 따라 이자를 지급해야 하는데 이때 신용부도스왑CDS에 투자해 신용위험을 이전받는 대가로 수입한 프리미엄과 합성CDO 발행 대금으로 매입한 국채 등 저위험자산의 이자를 그 재원으로 한다. 한편 저위험자산은 합성CDO의 원리금 지급을 위한 담보 역할도 하게 된다.

합성담보부증권의 특성

합성CDO는 대출 및 채권 등 기초자산의 신용위험을 관리하는 신용파생상품의 특성과 다수의 대출 및 채권을 유동화하는 전통적 CDO를 결합한 특성을 가지고 있다. 발행되는 증권은 대출담보부증권CLO, Collateralized Loan Obligations, 채권담보부증권CBO, Collateralized Bond Obligations 등의 형태로 신용도에 따라 3~4종류로 구분된다.[39] 계약 기간 중 신용사건이 발생하면 특수목적회사는 무위험자산을 매각한 자금으로 보장 매입자에게 손실분을 보전하고, 약정에 따라 손실 중 일정 규모는 가장 낮은 신용등급증권first loss tranche에서 우선 부담한 후 신용등급별 순위대로 손실을 부담한다.

한편 합성CDO와 신용연계증권은 신용위험을 헤지하기 위해 증권 형태로 발행된다는 점에서는 유사하지만 신용연계증권은 단일 증권으로 발행되는 반면, 합성CDO는 신용 등급에 따라 다수의 증권tranches이 발행된다는 점에서 차이가 있다. 신용도에 따라 나눈다는 말은 신용이 높게 책정된 증권을 비싸게 팔고 낮게 책정된 증권을 싸게 팔겠다는 뜻이다.

---

39 증권별 신용 등급은 1~3종 증권senior, mezzanine, junior의 경우 대개 AAA~ BB- 수준이지만 4종 증권first loss의 경우 신용 등급이 부여되지 않으며 보장 매입자가 보유하는 것이 일반적이다.

08

복잡한 조건을 맞추다
: 파생결합상품

* 파생결합상품은 주식, 채권, 환율 등의 가격 움직임을 미리 정한 일정한 조건 기준에 따라 반영해 지급이 결정되는 상품이다.

파생결합상품의 개념

파생결합상품Dervatives Linked Products은 예금, 주식, 채권, 통화, 파생금융상품 등 기초자산의 가격, 수익률 또는 이를 기초로 하는 지수의 변동과 연계해 미리 정해진 기준에 따라 지급이 결정되는 권리가 표시된 증권을 말한다. 이 기준은 대체로 이러할 경우 이렇게 하고, 저러할 경우 저렇게 한다는 조건 의존적인 방식으로 설정되어 있다. 일반적으로 파생결합증권DLS, Derivatives Linked Securities이라는 용어로 사용되기도 한다.

여기서 주의할 사항은 파생결합상품이 예금, 주식, 채권, 통화, 파생금융상품 등의 기초자산을 매입하여 포함하고 있는 것이 아니라는 점이다. 마치 채권선물이 채권을 보유하지 않으며 주식옵션이 주식을 보유하지 않는 것과 같다. 즉 보유하고 있는 상품의 수익률을 계산하는 것이 아니라 시장에 있는 상품의 수익률로 상품의 수익률을 계산한다는 뜻이다. 다만 이들 기초자산의 가격 변동에 따라 파생결합상품의 가격이 결정된다는 점이 중요하다.

한편 투자자의 손익이 기초자산 가격 변화에 연계되어 결정된다는 점에서 파생금융상품의 성격이 있지만, 최대 손실 규모가 투자 원금으로 한정된다는 점에서 증권의 성격도 있다. 주식과 채권 등 증권의 경우 10억 원을 투자하였을 때 이

증권의 가치가 제로(0)가 되어 원금 전체인 10억 원까지 손실을 입을 수 있지만, 파생금융상품은 원금 이상의 손실을 입을 수 있다는 사실을 우리는 이미 알고 있다. 증권의 성격을 보유한다는 말은 투자 원금이 다 털릴 수도 있지만 투자하지 않은 주머니의 돈은 안전하다는 뜻이다.

파생결합상품을 왜 발행하고 매입하는가?

먼저 투자자의 입장에서 파생결합상품을 왜 매입하는지 살펴보자. 저성장과 저금리 시대가 도래하여 저축상품만으로는 재산 증식이나 노후 대비가 쉽지 않게 되었다. 보다 높은 수익을 기대하지만, 주식에 대한 투자를 확대하면 리스크도 커진다. 그 대안으로 주식보다 위험 부담을 줄이면서 예금 금리보다 나은 수익률을 추구하는 파생결합상품 또는 구조화상품 structured products이 나타났다.[40]

그런데 이들은 기초자산의 움직임이 여러 조건 아래에서 다양한 기준으로 수익률에 반영되기 때문에 이해하기 조금 복잡하지만, 더 나은 수익을 얻기 위해서는 이 정도는 노력할 수 있다고 생각한다. 또한 손익구조도 다양해 투자 선호에 맞는

40　파생결합상품과 구조화상품은 같은 뜻으로 사용된다. 구조화상품은 구조화증권 Structured Securities으로 사용되기도 한다.

투자가 가능하다. 다만 파생결합상품도 기초자산의 가격이 일정 범위를 벗어나는 경우에는 손실 규모가 커질 수 있다. 그리고 별도의 담보나 보증이 없기 때문에 발행 기관의 신용위험에 노출될 수도 있지만 투자자들은 그러한 일이 좀처럼 발생하지 않는다고 생각한다.

반면 발행자 입장에서는 파생결합상품을 통해 수익성 개선을 도모할 수 있다. 다른 파생금융상품에 비해 상대적으로 높은 판매 수수료를 얻는다. 다만 리스크 관리 측면에서 다소 부담스러운 면이 있다. 따라서 이를 감안해 파생결합상품을 발행할 수 있는 주체는 증권 및 장외 파생상품의 투자 매매업 인가를 받은 금융투자업자로 한정된다.

파생결합상품의 특징

저금리에 만족하지 못하는 시대에 파생결합상품에 투자하면 상당히 높은 수익을 얻을 수 있다. 많은 사람이 기초자산의 수익성과 리스크를 구조화 기법을 이용해 완화하거나 증폭시킨 상품이기 때문에 개인투자자들이 그 구조를 이해하기 쉽지 않다고 말한다. 하지만 조금만 노력하면 그다지 어렵지도 않다. 다만 상품 가격을 평가하기 어려울 뿐 아니라 가격 정보를 입수하기도 어렵다. 거기에 유동성 부족으로 중도 해지하는 경우 높은 수수료를 부담해야 할 때도 많다. 따라서 파생결합상품에 투자하는 경우에는 상품 구조와 그 기초자산 등에 대한 충분히 이해하여야 한다. 특히 주가연계증권ELS과 같이 상당수의 구파생결합상품은 주가지수, 금리 등 기초자산의 가격이 일정 범위를 벗어나는 경우 투자 원금을 기대하는 시점에 찾기 곤란해질 뿐 아니라 투자 원금의 100%까지 손실을 볼 수 있다.[41] "유럽 주가지수가 이 정도 수준까지는 하락하지 않을 것이라고 분명히 확신하였는데, 거기까지 내려가서 찾아야 할 시점에 돈을 못 찾는 경우가 언제든 발생할 수 있다."

파생결합상품의 종류

파생결합상품은 어떤 기초자산을 대상으로 하는지와 기초자산 가격의 움직임을 어떤 기준으로 파생결합상품의 가격에 반영하는지에 따라 다양하게 나누어진다. 우선 주식워런트증권ELW은 주식 또는 주가지수에 대한 콜옵션과 비슷한 특성을 가진다고 알고 있자. 다음으로 주가연계증권ELS, Equity Linked Securities과 기타 파생결합증권은 사전에 정해 놓은 다소 복잡한 기준에 따라 기초자산 가격의 움직임을 반영한다. 다만 대상이 되는 기초자산이 주식일 경우 주가연계증권, 주식 이외

---

41 파생결합상품 판매 회사들은 투자 위험과 같은 상품 내용을 투자자에게 설명해야 하는 의무를 부담하고 있지만 빨리 간략하게 설명하는 경우가 많다. 반면 투자자들은 언제나 투자 상품에 가입할 때에는 늘 흘려듣고 나중에 따지기 마련이다.

채권 등 다른 자산일 경우 기타 파생결합증권으로 구분된다. 상장지수증권ETN, Exchange Traded Note은 투자 손익이 기초 지수의 변동에 연동되도록 구조화되어 있다.

주식워런트증권

주식워런트증권ELW, Equity Linked Warrant은 특정 주식의 가격 또는 주가지수의 변동과 연계해 미리 정해진 방법으로 그 주식의 매매를 성립시킬 수 있는 권리가 표시된 파생결합상품이다. 즉 특정 주식 또는 주가지수를 미리 정해진 가격으로 매수 또는 매도할 수 있는 권리가 부여된 워런트warrant의 일종인데, 쉽게 말해 콜옵션, 풋옵션과 같다. 워런트는 옵션의 한 형태다. 옵션의 손익구조를 잘 알면 이를 이해하기란 거저 먹기나 마찬가지다. 다만 ELW의 발행인인 증권사가 해당 주식의 발행 회사가 아닌 다른 제3자라는 점에서 신주인수권부사채BW 등과는 구별된다. ELW는 옵션의 매수 포지션만을 증권화한 것이기 때문에 최대 손실이 투자 원금이다. 이러한 ELW는 기초자산에 대한 권리 유형에 따라 콜 ELW와 풋 ELW로 구분되며, 단일 주식을 기초로 하는 주식형 ELW, 복수 주식을 기초로 하는 바스켓 ELW, 주가지수를 기초로 하는 지수형

주식워런트증권과 주가지수(주식)옵션 비교

	주식워런트증권	주가지수(주식)옵션
법적 형태	증권(파생결합상품)	(장내) 파생금융상품
발행 주체	금융투자업자(증권회사)	옵션 매도자 (일반 투자자도 가능)
유통시장	유가증권시장	옵션시장
신용위험	발행자의 신용위험에 노출	거래소가 결제 이행 보증
계약 기간	3개월~3년	6개월 이하
표준화 정도	발행주체에 따라 다양	표준화
유동성 보완 장치	유동성공급자(LP) 선정 의무화	없음
기본 예탁금·증거금	기본 예탁금 있음, 증거금 없음	매수자의 경우 기본 예탁금과 증거금 없음
투자 가능 형태	2가지 콜ELW 매입, 풋ELW 매입,	4가지(콜 매도·매입, 풋 매도·매입)
결제일	T+2일	T+1일

자료: 《한국의 금융시장》, 한국은행, 2021년

ELW로 구분된다.

이 상품은 주식을 대상으로 하는 옵션과 손익구조가 동일하다. 다만 발행자의 증거금 예치 같이 거래소의 결제 이행 보증이 없어 발행자인 증권회사의 신용위험에 노출된다. 그러나 기본 예탁금이 있어 결제 위험을 감소시킨다. 적은 금액을 투자하여 큰 수익을 올릴 수 있으나 위험이 큰 점은 다른 파생결합상품과 유사하다. ELW는 유가증권시장에 상장되어 일반 주식처럼 거래되며 종목별로 유동성 공급자LP, Liquidity Provider[42]가 선정되어 있어 개별 주식옵션에 비해 유동성이 높다.

주식워런트증권의 손익구조

콜워런트Call Warrant와 풋워런트Put Warrant의 손익구조는 상반된다. 우선 콜워런트는 기초자산을 발행자로부터 권리 행사가격으로 인수하거나 그 차액(만기 결제 가격−권리 행사가격)을 받을 수 있는 권리가 부여된 워런트로서 기초자산의 가격 상승에 따라 이익이 발생한다. 반면 풋워런트는 기초자산을 발행자에게 행사가격으로 인도하거나 그 차액(권리 행사가격−만기 결제 가격)을 받을 수 있는 권리가 부여된 워런트로서 기초자산의 가격 하락에 따라 이익이 발생한다.

ELW의 가장 큰 장점이자 단점은 높은 레버리지 효과를 본다는 점이다. 몇 번을 이야기하지만 '레버리지는 양날의 검'이다. 즉 ELW거래는 실물 자산에 직접 투자할 때보다 적은 투자 금액으로 높은 수익을 올릴 수도 있으며, 큰 손실을 입을 수도 있다. 예를 들어 콜 ELW는 기초자산이 상승할 때 기초

---

42 상품이 표준화되어 있지 않아 거래의 유통성이 적어질 수 있는 점을 감안해 증권회사가 주식워런트증권을 상장할 때 유동성 공급자를 지정하도록 의무화하고 있다. 유동성 공급자는 종목별로 선정되어 항상 주식워런트증권의 매수·매도 호가를 제시해 유동성을 제공한다.

자산의 수익률과는 비교할 수 없을 정도로 높은 수익 달성이 가능하지만 반대로 기초자산이 하락할 경우에는 그 하락 폭이 기초자산에 비해 훨씬 클 수 있다.

주가연계증권

주가연계증권ELS, Equity Linked Securities은 개별 주식 가격이나 주가지수의 움직임에 연계해 사전에 정해진 조건에 따라서 수익률이 결정되는 파생결합상품을 말한다. 개별 주식 가격이나 주가지수 등 기초자산 가격이 처음 정해 놓은 일정한 범위 내에서 정해진 만기일까지 움직이면 약속된 수익을 받을 수 있다. 예를 들어 미국, 유럽, 중국의 주식시장의 각 주가지수가 모두 어느 정도 이하로만 떨어지지 않으면 연 10%의 수익률을 지급한다는 조건으로 증권을 발행하기도 한다. 주가연계증권은 만기와 수익구조 등을 다양하게 설계할 수 있다. 반면에 구조가 복잡하고 표준화되지 않기 때문에 증권시장에 상장되지 않고 유동성이 낮으며 만기 상환 불이행 위험에 노출되는 단점이 있다. 기초자산의 가격이 일정 수준 이상이면 자동으로 조기 상환되는 조건이 부여되고 환매 수수료를 부담하는 조건으로 환매를 요구할 수도 있다. "ELS는 파생결합상품의 대표 선수다."

주가연계증권의 종류

주가연계증권은 원금보장형상품과 원금비보장형상품으로 구분된다. 원금보장형상품은 주식이나 파생상품을 이용하여 손실의 크기를 제한하며 최소한 원금이 보장되도록 설계한 상품이다. 반면 원금비보장형상품은 기초자산 가격이 일정 범위를 벗어날 경우 원금까지도 손실을 입을 수 있다. 그러나 기초자산 가격이 일정 범위를 벗어나지 않을 경우 원금보장형상품에 비해 수익을 크게 낼 수 있는 상품이다. 금융에서 언제나 위험을 회피하려면 수익이 낮고 수익을 높이려면 위험을 감수해야 한다. 이보다 더 명쾌한 기준은 없다.

또한 주가연계증권은 투자 수익률이 연동되는 기초자산에 따라 지수형상품, 주식형상품, 혼합형상품으로 구분할 수 있으며 지수형상품이 대부분을 차지한다. 주가연계증권의 발행 방식은 사모보다 공모의 비중이 높고, 원금비보장형상품이 많다.

주가연계증권의 손익구조

ELS는 다양한 기준에 따른 손익구조를 가지는데, 우선 원금보장형과 원금비보장형으로 크게 나누어 살펴보자. 원금보장형 ELS는 대부분을 안전한 채권에 주로 투자하고 일부만 주가와 연동되는 옵션 같은 파생금융상품에 투자해 초과 이익을 확보하는 수익구조를 갖는다. 원금보장형 ELS에서는 기초자산의 가격 변동과 상관없이 만기에 지급하기로 약정한 원금의 비율인 원금 보장률floor rate이 사전에 제시되지만 기대 수익률은 높지 않다. 반면 원금비보장형은 만기에 원금을 보장한다는 조건이 없는 대신 기대 수익률은 높게 제시된다.

ELS의 손익은 여러 유형별로 다르게 나타난다. 주요 유형

ELS의 유형별 손익구조

	손익구조
디지털	만기 시점에 최종 기준 가격이 일정 구간에 도달해 있는지 여부에 따라 수익률이 둘 중 하나로 결정됨(예: Digital Call, Digital Put, Range Digital)
클리켓	사전에 정한 산식으로 계산된 기초자산의 월별(또는 분기별) 수익률의 누적 값에 따라 수익률이 비례적으로 결정됨(예: Cliquet, Lookback Cliquet, Cliquet Step-Down)
유러피안	만기 시점에 최종 기준 가격에 따라 수익률이 상승하거나 하락. 단 최대 수익률은 일정 수준으로 고정됨(예: Bull Spread, Reverse Convertible 등)
베리어	기준 가격이 일정 구간 내에서 상승(하락)하면 수익률도 상승(하락)함. 단 만기까지 한 번이라도 상한(하한)을 벗어난 경우 수익률은 고정됨(예: Knock-out Call, Knock-out Put, Straddle)
조기 상환	발행 이후 기초자산 가격이 한계 가격 미만으로 하락한 적이 없고 조기 상환일의 평가 가격이 일정 수준 이상이면 약정 수익률로 상환됨. 만기까지 조기 상환되지 않은 경우 만기 평가 가격에 따라 수익률이 결정됨(예:Hi-Five, Step-Down, Jump)

자료: 《한국의 금융시장》, 한국은행, 2021년

으로는 디지털Digital, 클리켓Cliquet, 유러피안European, 베리어Barrier, 조기 상환Auto Callable 등이 있으며 이들 유형 안에는 또여러 가지 ELS 상품 종류가 있다. 최근에는 조기 상환형 손익구조상품의 일종인 스텝다운Step-Down형 ELS가 주로 발행되고 있다. 하나씩 살펴보면 그리 어렵지 않지만 종류가 많아 한꺼번에 이해하려면 헷갈릴 수 있다. 이들의 손익구조도 그래프로 나타내어 구체적으로 설명할 수 있으나 상당한 지면을할애해야 하며 오히려 복잡해질 수 있기 때문에 간단한 설명으로 대신한다.

이 중 스텝다운형 ELS에 대해 조금 더 살펴보면, 이 상품

스텝다운형 ELS의 손익구조

Knock-in 여부[1]	기초자산[1] 가격 조건(최초 기준 가격 대비)	수익률
발행일 이후 기초자산의 가격이 최초 기준 가격의 55% 이상을 유지	① 1차 조기 상환일(6개월): 85% 이상 ② 2차 조기 상환일(12개월): 80% 이상 ③ 3차 조기 상환일(18개월): 75% 이상 ④ 4차 조기 상환일(24개월): 70% 이상 ⑤ 5차 조기 상환일(30개월): 65% 이상 ⑥ 만기일(36개월): 55% 이상	연 10%
발행일 이후 기초자산의 가격이 최초 기준 가격의 55%를 하회 (Knock-in 발생)	⑦ 만기일(36개월 후): 60% 이상 연 10%	연 10%
	⑧ 만기일(36개월 후): 60% 미만 기초자산[1]	가격의 최종 하락률

1) 각 시점에서 최저 성과를 보인 기초자산Worst Performer을 기준으로 평가

자료: 《한국의 금융시장》, 한국은행, 2021년

은 발행 이후 모든 기초자산이 최저 한계 가격 미만으로 하락 Knock-in한 적이 없고, 매 조기 상환일(통상 6개월 단위) 현재 최저 성과를 보인 기초자산의 평가 가격이 일정 수준 이상이면 약정 수익률로 조기 상환된다. 이때 기초자산의 평가 가격은 매 조기 상환 시점마다 계단식으로 하락해 매 조기 상환 시점의 상환 가능성을 높여준다. 그러나 평가 가격은 직전 조기 상환 시점이 아니라 최초 기준 가격을 기준으로 산정된다는 점을 잊지 말아야 한다. 결국 마지막까지 가서도 조기 상환되지 못할 경우 만기 시점에서 최종 평가 가격에 따라 투자 손익이 결정된다. 또는 계약 조건에 따라 더 큰 손실을 입을 수도 있다.

주가연계증권과 비슷한 상품

증권사가 발행해 판매하는 주가연계증권ELS은 가격이 계약 내 범위를 벗어나면 원금의 일부 또는 전부를 손해 볼 수 있는 위험을 가지며 투자자의 손익이 주가 변동에 연계되어 결정된다는 점에서 자산운용사가 발행하는 주가연계펀드ELF, Equity-Linked Fund, 증권사 또는 은행이 신탁을 통해 판매하는 주가연계신탁ELT, Equity-Linked Trust, 은행의 주가연계예금ELD, Equity-Linked Deposit 등과 유사하다. 그러나 ELS와 ELD는 발행 기관의 발행 대금 운용 성과와는 무관하게 사전에 약정된 기준에 따라 수익률을 얻는 반면, ELT와 ELF는 운용 실적에 따라 수익을 배당 받는다는 차이가 있다.

기타 파생결합증권

기타 파생결합증권DLS, Derivatives Linked Securities은 금리, 환율과 석유, 곡물, 금, 은 등 일반 상품의 가격 및 신용위험 지표의 변동과 연계된 파생결합상품이다. 파생결합상품을 파생결합증권이라고도 지칭하기도 하기 때문에 기타라는 말을 넣어 구분한다. 기초자산 가격이 정해진 만기일까지, 처음 정해 놓은 일정한 범위 내에서 움직이면, 약속된 수익을 받을 수 있는 파생금융상품으로 발행 기관의 운용 성과와 무관하게 사전에 약정된 방식에 따라 투자자의 손익이 결정된다. 다만 가격이 계약 내 범위를 벗어나면 원금의 일부 또는 전부를 손해 볼 수 있다. 이는 상당히 익숙한 내용으로 방금 설명한 ELS의 설명과 같다. 즉 DLS는 기초자산의 차이를 제외하고는 ELS와 실질적으로 동일한 특성과 구조를 지녔다. 물론 여기서도 특정 주가 또는 주가지수는 연계에서 제외된다. 특정 주가 또는 주가지수가 포함되면 ELS라고 부른다는 점은 앞에서 이야기하였다. 한편 기타 파생결합펀드DLF, Derivatives Linked Fund는 기타 파생결합증권DLS과 동일한 구조를 가진다.

이러한 DLS는 ELS에 비해 기초자산이 다양하다. 예를 들어 70%는 채권에 투자하고 나머지 30%는 선물과 옵션 등에 투자해 대상을 분산한다. 투자 효과는 크지만 상품 구조가 다소 복잡하기 때문에 기관투자자를 대상으로 한 사모 발행이 주를 이루고 있으며 시장 규모도 ELS에 비해 현저히 작은 편이다.

기타파생결합증권의 손익구조

ELS는 기초자산인 개별 주식 가격이나 주가지수에 연동되어 투자 수익이 결정되나, DLS는 기초자산이 주식 가격이나 주가지수가 아닌 금리, 환율, 상품 가격 등의 변동에 연계되어 사전에 정해진 방법에 따라 투자 수익이 결정된다. 금리, 환율 등이 일정 범위 내에 있을 경우 약정 수익률이 지급되지만, 그 범위를 벗어나면 투자 원금의 손실이 발생할 수 있다. DLS의 법적 형식은 증권이기 때문에 다른 증권처럼 투자자금의 100%까지만 손실이 발생할 수 있다. 손익구조의 특징은 ELS와 유사하다. 결국 ELS만 잘 알면 DLS는 덤으로 알 수 있다.

상장지수증권

상장지수증권ETN, Exchange Traded Note은 투자의 손익이 기초

지수의 변동에 연동되도록 구조화된 장내 파생결합상품이다. ETN은 거래소에 상장되어 별도의 중도 상환 절차 없이 실시간 매매를 통해 수익이 확정된다. 발행 회사가 자기 신용으로 수익을 보증하면서 발행하는 상품으로서 지수연동형상품이라는 점에서 자산운용사가 발행하는 상장지수펀드ETF, Exchange-Traded Fund와 매우 유사하다. 다만 ETF는 자산운용사가 포트폴리오에 직접 투자하며, 보유 자산을 별도로 구분해 관리하기 때문에 신용위험에 노출되지 않고 별도의 만기도 없다. 그러나 ETN은 포트폴리오에 직접 투자하지 않으며 서류상으로만 손익을 계산하기 때문에 발행 회사의 신용위험에 노출된다.

상장지수증권의 손익구조

발행 당시 목표target로 정해진 기초 지수index의 누적 수익률이 곧바로 투자 수익률이 되는 지수연동상품의 특성을 지니고 있다. 예를 들어 상품에 따라 지수 상승의 2배 또는 3배의 이익을 얻을 수 있다. 물론 2배 또는 3배의 손실도 가능하기 때문에 일반 지수 투자보다 더 위험하다.

맺음말

파생금융상품과 연계된 금융시장의 움직임에 초점을 맞추려고 노력하였습니다. 그리고 파생금융상품의 원리가 경제 구석구석에 미치는 영향에 대한 이야기도 하고 싶었습니다. 이를 위해 다양하고 복잡한 파생금융상품의 이해가 앞서야 하기에 손익구조에 중점을 두고 설명하였습니다. 모든 내용이 중요하지만 상품의 손익구조야말로 투자자들의 수요와 공급을 자극해 시장을 움직이기 때문입니다.

돌이켜보면 많지 않은 분량 속에서 재미있게 설명하는 것이 얼마나 어려운지, 정확한 내용을 전달하려고 할 때 문장이 딱딱해질 수밖에 없다는 사실도 다시금 느꼈습니다. 또한 파생금융상품으로 인해 아팠던 금융시장의 사례들도 파생금융상품의 구조에 대한 이해를 전제로 이야기해야 했기에 서술의 한계도 절감하였습니다.

이 모든 이야기는 결국 '위험 헤지', '다양한 욕구 충족', '적정 가격의 발견'이라는 관점에서 선도거래, 선물, 옵션, 스왑, 신용파생상품, 파생결합상품 등의 구조를 정리하고 파생금융시장이 금융·외환시장에 미치는 영향을 설명하는 작업이었습니다. 시장에 미치는 영향을 이해하고 전망까지 하려면 파생금융상품과 기초자산의 연계 관계를 면밀히 이해해야 합니다.

아쉬운 점은 비교적 새로 등장한 비정형통화파생상품과 다양한 옵션의 합성 등을 생략한 점입니다. 이들 상품은 입문 단계에서 접근하기 어렵고 아직 규모도 크지 않습니다. 다만 대표 선수로서 키코에 대한 설명만 간단히 덧붙였을 뿐입니다. 또한 상품 구조에 집중하다 보니 당초 목표로 삼은 시장과의 연계 관계에 다소 소홀한 점이 있어 안타까움으로 남습니다.

마지막으로 파생금융상품 투자자의 입장에서 생각해 보면 위험에 대처하는 기본 자세가 가장 중요합니다. "조금 더 나은 수익을 위해서는 위험을 감수해야 하며, 위험을 감수하지 않고는 조금 더 나은 수익을 얻을 수 없습니다. 그렇기 때문에 자신을 알고 상대를 알아야 합니다. 파생금융상품은 공격적인 투자 성향을 가진 투자자에게 적합합니다. 위험은 회피하는 것이 아니라 관리하는 것이지요." 확정 금액을 필요로 하는 짧은 만기 투자자는 파생금융상품을 피해야 합니다.

아무쪼록 파생금융상품을 이해하고 투자에 나서려는 사람들과 파생금융상품과 연계된 시장의 움직임을 살펴보는 사람들에게 작은 도움이 되기를 바랄 뿐입니다.